学习贯彻习近平新时代中国特色社会主义经济思想

做好“十四五”规划编制和发展改革工作

| 系列丛书 |

# 世界百年未有之大变局初析

丛书编写组　编著

中国市场出版社 China Market Press　中国计划出版社

·北京·

图书在版编目（CIP）数据

世界百年未有之大变局初析 / 学习贯彻习近平新时代中国特色社会主义经济思想 做好“十四五”规划编制和发展改革工作系列丛书编写组编著. —北京：中国市场出版社有限公司：中国计划出版社，2020.9（2020.11重印）
（学习贯彻习近平新时代中国特色社会主义经济思想 做好“十四五”规划编制和发展改革工作系列丛书）
ISBN 978-7-5092-1995-9

Ⅰ. ①世… Ⅱ. ①学… Ⅲ. ①习近平新时代中国特色社会主义思想－学习参考资料 ②国际关系－研究－学习参考资料 Ⅳ. ①D610 ②D81

中国版本图书馆CIP数据核字（2020）第170724号

世界百年未有之大变局初析

SHIJIE BAINIAN WEIYOU ZHI DABIANJU CHUXI

---

编　　著：丛书编写组
责任编辑：郭爱东　宋　涛
装帧设计：蒋宏工作室

出版发行：中国市场出版社　中国计划出版社
社　　址：北京市西城区月坛北小街2号院3号楼（100837）
电　　话：（010）68034118 / 68032104 / 68020340
网　　址：http://www.scpress.cn

印　　刷：河北鑫兆源印刷有限公司
规　　格：170mm × 240mm　　1/16开本
印　　张：15.75　　字　　数：155千字
版　　次：2020年9月第1版　　印　　次：2020年11月第3次印刷
书　　号：ISBN 978-7-5092-1995-9
定　　价：40.00元

---

# 前言

当今世界正处于大发展大变革大调整时期，世界多极化、经济全球化、社会信息化、文化多样化深入发展，全球治理体系和国际秩序变革加速推进，各国相互联系和依存日益加深。同时，世界面临的不稳定性不确定性日益突出，人类面临许多共同挑战。“万物得其本者生，百事得其道者成”。习近平总书记运用马克思主义的宽广视野和方法论，科学把握世界大势重大变化，科学把握中国在世界大势变化中的历史方位，作出“当今世界正处于百年未有之大变局”的重要论断。这一重要论断，为观察纷繁复杂的国际格局提供了全新视角，为推动全球治理变革提供了全新思路，为认识和把握发展的重要战略机遇期提供了全新指导，为推动构建人类命运共同体提供了全新指南。

党的十八大以来，以习近平同志为核心的党中央统筹国内国际两个大局，着眼新的发展实践，深刻分析国内外发展大势，深入推进理论创新，创造性地发展马克思主义和中国特色社会主义，形成了习近平新时代中国特色社会主义思想，回答了“世界怎么了、我们怎么办”的世纪之问，分享应对当今世界面临的重大挑战、推动国际治理体系变革的中国智慧和中国方案，是马克思主义在当代中国的重大发展，是指引中国特色社会主义事业创新发展的有力理论武器。习近平新时代中国特色社会主义思想，充分体现了历史使命与时代潮流的高度统一、民族精神与国际主义的高度统一、中国气度与世界情怀的高度统一，展现出鲜明的理论创新品格。

从党的十九大到二十大，是我国“两个一百年”奋斗目标的历史交汇期。“十四五”时期，世界政治经济格局将继续深刻调整，国际力量对比加速演变，新一轮科技革命和产业变革深入发展，全球治理体系变革加速推进。深入学习贯彻习近平新时代中国特色社会主义经济思想，学懂弄通“世界百年未有之大变局”重要论述的科学内涵，准确把握国际体系转型过渡期与我国发展历史交汇期相互交织的时代特征，深刻认识世界发展潮流所向和中华民族伟大复兴的光明前景，对指导我们科学研判未来五年乃至更长时期我国发展面临的外部环境，科学编制“十四五”规划、推动发展改革工作迈上新台阶具有重要意义。

本书分六章对世界百年未有之大变局进行初析。第一章阐述了习近平总书记关于世界百年未有之大变局重要论断的重要意义。第二章分析了大变局下世界发展的主要趋势。第三章研判了大变局下世界发展的不稳定性和不确定性。第四章分析了新冠肺炎疫情对大变局的影响。第五章分析了大变局下我国发展面临的机遇和挑战。第六章提出了应对世界百年未有之大变局、推动构建人类命运共同体。

本书编写组通过深入学习领会习近平新时代中国特色社会主义经济思想，以及习近平总书记关于世界百年未有之大变局的重要论断，尝试从经济领域对世界百年未有之大变局进行初析，以此为做好“十四五”规划编制和发展改革工作提供重要参考，并与读者分享学习体会和工作感悟。

本书编写组

2020年8月

# 目　录

第三章

## 大变局下世界发展的不稳定性和不确定性



第四章

## 新冠肺炎疫情对大变局的影响



第五章

## 大变局下我国发展面临的机遇和挑战

# 第一章

# 习近平总书记关于世界百年未有之大变局重要论断的重大意义

2017年12月，习近平总书记接见回国参加驻外使节工作会议的全体使节时指出，放眼世界，我们面对的是百年未有之大变局。新世纪以来一大批新兴市场国家和发展中国家快速发展，世界多极化加速发展，国际格局日趋均衡，国际潮流大势不可逆转[1]。这是习近平总书记在公开场合首次提出世界百年未有之大变局的论断。此后，习近平总书记多次在重要会议、外交场合论述世界百年未有之大变局。这是以习近平同志为核心的党中央，运用马克思主义的宽广视野和世界观、方法论观察把握世界大势形成的深刻论断，是习近平新时代中国特色社会主义思想的重要理论创新，是统筹国内国际两个大局，全面用好发展重要战略机遇期，推进社会主义现代化建设伟大事业的理论和实践指南。

[1] 在2017年度驻外使节工作会议上的讲话（2017年12月28日），《人民日报》2017年12月29日。

## 第一节

# 世界百年未有之大变局重要论断的理论意义

习近平总书记关于世界百年未有之大变局的重要论断，深刻揭示了当今世界变化在人类历史变迁中的方位，深刻揭示了纷繁复杂变化背后一些根本的、不变的趋势和特征，深刻揭示了中国在受到大变局影响的同时对世界历史进程作出的重大贡献，对于准确把握“当前”对“历史”的革故鼎新、“变”与“不变”的辩证关系、“中国”同“世界”的相互影响，具有极其重要的理论意义。

### 一、深刻揭示世界变化的历史纵深

“以史为鉴，可以知兴替”。习近平总书记的重要论断，站在人类百年乃至更长时间历史的维度，深刻阐明了当今时代的历史方位，是准确把握世界变化规律与趋势的理论指南。

### （一）深刻揭示国际力量对比百年未有之变化

习近平总书记指出，新兴市场国家和一大批发展中国家快速发展，国际影响力不断增强，是近代以来国际力量对比中最具革命性的变化[1]。近代以来，国际力量对比经历了从极不平衡向相对平衡的深刻调整。19世纪至20世纪90年代初，在三次工业革命推动下，英国、德国、法国、美国等西方强国先后崛起，建立了以西方为中心的国际经济秩序。这一时期，发展中国家与发达经济体的发展差距不断拉大。20世纪90年代初以来，随着新兴市场国家和发展中国家群体性崛起，特别是中国、印度等新兴大国快速发展，发展中国家与发达经济体的发展差距从不断拉大转向持续缩小。国际货币基金组织测算，按照现价计算，1992年发达经济体国内生产总值（GDP）占全球比重达到83.6%的峰值，此后呈现下行趋势，2019年已降至59.8%；同期，新兴市场国家和发展中国家GDP全球占比从16.4%升至40.2%。国际力量对比更趋平衡，对推动国际关系民主化和世界和平发展具有重大而深远的历史意义。

[1] 在十八届中央政治局第二十七次集体学习时的讲话（2015年10月12日），《人民日报》2015年10月14日。

### （二）深刻揭示新一轮科技革命和产业变革带来的百年未有之变化

习近平总书记指出，进入21世纪以来，全球科技创新进入空前密集活跃的时期，新一轮科技革命和产业变革正在重构全球创新版图、重塑全球经济结构[1]。历史上，科技进步一直是改变社会生产力、改变人类生活模式进而改变国际格局的根本性力量。人类经历了以蒸汽机技术为主导的第一次工业革命、以电力和石油运用为主导的第二次工业革命、以信息化和互联网为主导的第三次工业革命，整个世界发生翻天覆地的变化。当前，以新一代人工智能为引领、多领域科技突破的新一轮科技革命和产业变革蓬勃兴起。与前三轮工业革命相比，新一轮科技革命和产业变革带来的冲击，无论广度还是深度都前所未有，正在给人类社会带来深刻变革。主要经济体纷纷加大战略投入，意图抢占制高点，对技术、人才、标准和规则的竞争空前激烈。新科技革命和产业变革将是面向未来最难掌控但必须面对的不确定性因素之一，抓住了就是机遇，抓不住就是挑战。

### （三）深刻揭示全球治理体系百年未有之变化

习近平总书记指出，全球治理体系和国际秩序变革加速推

[1] 在中国科学院第十九次院士大会、中国工程院第十四次院士大会上的讲话（2018年5月28日），《人民日报》2018年5月29日。

进，加强全球治理、完善全球治理体系是大势所趋，也是各国面临的共同任务[1]。“二战”后，全球形成以联合国为核心、《联合国宪章》宗旨和原则为基础的治理体系。当前，这一体系的基本架构仍在发挥重要作用，但不少机制、规则和运作方式已不能适应国际力量对比的变化，不能适应经济全球化深入发展的要求，也难以有效应对国际社会共同面对的新问题新挑战，亟待调整、改革与完善。国际社会普遍认为，全球治理体系变革正处在历史转折点上。这不仅事关应对各种全球性挑战，而且事关国际秩序和国际体系变革方向；不仅事关对发展制高点的争夺，而且事关各国在国际秩序和国际体系长远制度性安排中的地位和作用。面向未来，新兴市场国家和发展中国家群体性崛起将在全球治理体系中得到更加有力的体现。多边贸易规则将经历深刻变革，电子商务、补贴政策、知识产权、竞争政策等边境后规制领域成为谈判交锋的重点，反映经济全球化深入发展的要求和趋势。非传统安全问题日益凸显，相关领域的合作机制、合作规则和合作网络将加快构建与完善，国际社会携手应对日益增多的挑战已成必然趋势。

[1]《习近平向国际行动理事会第35届年会致贺信》(2018年9月28日)，《人民日报》2018年9月29日。

## 二、深刻揭示“变”与“不变”的辩证关系

习近平总书记关于世界百年未有之大变局的重要论断，在深刻阐述世界大变局的同时，多次强调一些根本的、不变的趋势和特征，运用马克思主义辩证法揭示“变”与“不变”的相互关系，是我们在纷繁复杂的大变局中“不畏浮云遮望眼”、把握历史大趋势的理论指南。

### （一）和平与发展的时代主题不会变

党的十九大报告对当今世界的总体特征进行了深刻阐述，指出世界正处于大发展大变革大调整时期，和平与发展仍然是时代主题。世界多极化、经济全球化、社会信息化、文化多样化深入发展，全球治理体系和国际秩序变革加速推进，各国相互联系和依存日益加深，国际力量对比更趋平衡，和平发展大势不可逆转。当前，求和平、谋发展仍是国际主流，以联合国为核心、《联合国宪章》宗旨和原则为基础的国际政治安全秩序仍在有效运转。随着人类交往比过去任何时候都更深入、更广泛，各国相互联系和彼此依存比过去任何时候都更频繁、更紧密，和平、发展、合作、共赢已成为时代潮流。特别是随着一大批新兴市场国家和发展中国家走上发展的快车道，十几亿、几十亿人口正在加速走向现代化，多个发展中心在世界各地区逐渐形成，国际力量对比继续朝着有利于世界和平与发展

的方向发展。

### （二）各国相互依存和休戚与共不会变

习近平总书记指出，当今世界，各国相互依存、休戚与共[1]。尽管全球发展鸿沟依然明显，兵戎相见时有发生，各种冲突此起彼伏，但人类已形成你中有我、我中有你的命运共同体，是一个不争的事实。政治上，国际社会吸取两次世界大战的教训建立了联合国，为世界赢得七十多年相对和平，也使得和平发展理念深入人心。坚持对话协商，建设一个持久和平的世界，是国际社会的必然选择。安全上，各国共同面临恐怖主义、难民危机、公共卫生等安全威胁，亟待同舟共济，树立共同、综合、合作、可持续的安全观。坚持共建共享，建设一个普遍安全的世界，是国际社会的必然选择。经济上，各国在参与经济全球化和国际分工过程中，早已形成利益共同体。世界经济的大海，你要还是不要，都在那儿，是回避不了的。坚持合作共赢，建设一个共同繁荣的世界，是国际社会的必然选择。文化上，人类文明多样性是世界的基本特征，也是人类进步的源泉，文明没有高下、优劣之分，只有特色、地域之别，每种文明都有其独特魅力和深厚底蕴，都是人类的精神瑰宝。坚持交流互鉴，建设一个开放包容的世界，是国际社会的必然选择。生态上，人类只有

[1] 在第七十届联合国大会一般性辩论时的讲话（2015年9月28日），《人民日报》2015年9月29日。

一个地球，各国共处一个世界。地球是人类的共同家园，也是人类到目前为止唯一的家园。人与自然共生共存，伤害自然最终将伤及人类。坚持绿色低碳，建设一个清洁美丽的世界，是国际社会的必然选择。

### （三）经济全球化深入发展大势不会变

习近平总书记指出，世界上的有识之士都认识到，经济全球化是不可逆转的历史大势，为世界经济发展提供了强劲动力[1]。尽管当前保护主义和单边主义抬头，经济全球化遭遇逆风和回头浪，但其深入发展大势不会改变。说其是历史大势，就是其发展是不以人的意志为转移的。近代以来，经济全球化大致经历了三个阶段。第一个阶段是在“一战”之前，西方国家靠殖民扩张谋求全球经济利益。第二个阶段是“二战”结束后，世界形成社会主义和资本主义两大阵营，经济上形成两个平行市场。第三个阶段是冷战结束后，全球经济发展真正相互融合、相互依存，经济联系大大加强。当前经济全球化遭遇逆流，但历史地看，经济全球化是社会生产力发展的客观要求和科技进步的必然结果，不是哪些人、哪些国家人为造出来的。经济全球化为世界经济增长提供了强劲动力，促进了商品和资本流动、科技和文明进步、各国人民

[1] 在首届中国国际进口博览会开幕式上的主旨演讲（2018年11月5日），《人民日报》2018年11月6日。

交往，其深入发展的大势不会改变。经济全球化在推进过程中，虽然也带来新的问题，特别是在世界经济下行期，增长和分配、资本和劳动、效率和公平的矛盾更加突出，但搞保护主义是解决不了这些问题的，打贸易战的结果只能是两败俱伤。想人为切断各国经济的资金流、技术流、产品流、产业流、人员流，让世界经济的大海退回到一个一个孤立的小湖泊、小河流，是不可能的，也是不符合历史潮流的。

### （四）坚持多边主义、谋求共商共建共享的全球经济治理趋势不会变

习近平总书记指出，什么样的国际秩序和全球治理体系对世界好、对世界各国人民好，要由各国人民商量，不能由一家说了算，不能由少数人说了算[1]。尽管当前单边主义和贸易保护主义有所抬头，但国际社会支持多边主义的声音仍然是主导力量，加强多边合作，秉持共商共建共享，实现合作共赢是全球经济治理的基本特征和趋势。世界贸易组织、国际货币基金组织和世界银行等多边机构，以其成员众多和专业化优势，为全球经济治理提供基本的规则体系。二十国集团成员人口占全球的2/3、国土面积占全球的60%、GDP占全球的近90%、贸易额占全球的3/4，已成为国际经济合作重要平

[1] 在庆祝中国共产党成立95周年大会上的讲话（2016年7月1日），《人民日报》2016年7月2日。

台。金砖国家等多边机制成为新兴市场国家和发展中国家积极参与全球经济治理的重要渠道。共建“一带一路”国际合作秉持共商共建共享原则，坚持开放、绿色、廉洁理念，努力实现高标准、惠民生、可持续的目标，通过双边合作、三方合作、多边合作等各种形式，打造互利共赢的开放型合作平台，推动开放型世界经济发展。

### （五）中国对外开放的基本国策不会变

习近平总书记指出，我们将坚持对外开放的基本国策，坚持以开放促改革、促发展、促创新，持续推进更高水平的对外开放[1]。中国开放的大门不会关闭，只会越开越大[2]。开放是当代中国的鲜明标识。改革开放以来，我们坚持对外开放基本国策，打开国门搞建设，实现了从封闭半封闭到全方位开放的伟大历史转折。中国在对外开放中展现大国担当，成为世界经济增长的主要稳定器和动力源，促进了人类和平与发展的崇高事业。过去中国经济发展是在开放条件下取得的，未来中国经济发展也必须在更加开放的条件下进行。这是根据中国改革发展客观需要作出的自主选择，有利于推动经济高质量发展，有利于满足人民对美好生活的向往，有利于促进世界和平、稳定、发展。新时代中国的对外开放，是以高质量共建“一带一路”为抓手的全面开

[1] 在第二届中国国际进口博览会开幕式上的主旨演讲（2019年11月5日），《人民日报》2019年11月6日。
[2] 在博鳌亚洲论坛2018年年会开幕式上的主旨演讲（2018年4月10日），《人民日报》2018年4月11日。

放，是更大范围、更宽领域、更深层次的更高水平开放，是更加注重合作共赢的开放。中国对外开放，不是要一家唱独角戏，而是要欢迎各方共同参与；不是要谋求势力范围，而是要支持各国共同发展；不是要营造自己的后花园，而是要建设各国共享的百花园。

## 三、深刻揭示中国与世界的相互影响

习近平总书记关于世界百年未有之大变局的重要论断，不仅明确指出世界格局变化给我们带来的影响，而且把我们自己摆进去，深刻揭示了中国在世界大变局中的作用和担当，深刻阐明了今日之中国，不仅是中国之中国，而且是世界之中国；未来之中国，必将以更加开放的姿态拥抱世界，必将同世界形成更加良性的互动，带来更加进步和繁荣的中国和世界。

### （一）深刻揭示中国的发展离不开世界

习近平总书记指出，中国提出了“两个一百年”奋斗目标，正在努力实现中华民族伟大复兴的中国梦，比以往任何时候都更需要一个和平稳定的外部环境[1]。没有和平，中国和世界都不可能顺利发展；没有发展，中国和世界也不可能有持久和平。中国是经济全

[1] 在第六轮中美战略与经济对话和第五轮中美人文交流高层磋商联合开幕式上的致辞（2014年7月9日），《人民日报》2014年7月10日。

球化的受益者，四十多年来，在改革开放中积极融入世界，在富起来、强起来的征程上迈出了决定性步伐。这些年来，随着中国快速发展，国际上有些人担心中国会走“国强必霸”的路子，提出了所谓的“中国威胁论”，这既有认知上的误读，也有根深蒂固的偏见。坚定不移走和平发展道路，是对国际社会关注中国发展走向的回应，更是中国人民对实现自身发展目标的自信和自觉。中国将坚定不移走和平发展道路，使国家更加富强，使人民更加富裕，并且希望世界各国共同走和平发展道路。只有各国都走和平发展道路，各国才能共同发展，国与国才能和平相处。和平发展道路对中国有利、对世界有利，没有任何理由不坚持这条被实践证明是走得通的道路。

### （二）深刻揭示世界的繁荣需要中国

习近平总书记指出，中国通过改革开放实现自身发展，创造了中国奇迹，同时又通过自身发展为世界进步贡献力量[1]。中国为世界均衡发展作出重大贡献。据国际货币基金组织估算，1992—2024年，新兴市场国家和发展中国家GDP占全球比重将从16.4%升至44%，但若扣除中国的贡献，这一比重仅升至25.2%。这说明，新兴市场国家和发展中国家群体性崛起，国际力量对比朝着更加有利于维护世界和平和发展的方向发展，中国在其中发挥了极其重要的

[1]《习近平集体会见博鳌亚洲论坛现任和候任理事》（2018年4月11日），《人民日报》2018年4月12日。

作用。同时，中国不仅通过自身发展提升新兴市场国家和发展中国家的整体实力，而且通过不断完善中国特色社会主义道路、理论、制度、文化，拓展了发展中国家走向现代化的途径，给世界上那些既希望加快发展又希望保持自身独立性的国家和民族提供了全新选择，贡献了中国智慧和中国方案。中国为新一轮科技革命和产业变革作出重大贡献。改革开放以来特别是党的十八大以来，创新作为引领发展的第一动力，被摆在国家发展全局的核心位置，我国科技事业密集发力、加速跨越，重大创新成果竞相涌现，主要创新指标进入世界前列，对世界科技创新贡献率大幅提高，成为全球创新版图中日益重要的一极。中国为全球治理体系改革作出重大贡献。党的十八大以来，习近平总书记创造性提出人类命运共同体理念，得到越来越多国家和人民的欢迎和认同，并被写进了联合国重要文件，为全球治理体系改革指明了方向。习近平总书记创造性提出并推动实践共建“一带一路”倡议，得到越来越多国家积极响应，彰显了同舟共济、权责共担的命运共同体意识，为完善全球治理体系变革提供了新思路新方案。我国在二十国集团领导人杭州峰会上，运用议题和议程设置主动权，引导峰会形成一系列具有开创性、引领性、机制性的成果，在全球经济治理中留下了深刻的中国印记。我国多次成功主办亚太经合组织领导人非正式会议、金砖国家领导人会晤、上合组织峰会等多边机制性会议，为全球治理体系变革带来新气象。未来，中国将继续积极参与全球治理体系建设，努力为完善全球治理贡献中国智慧，同世界各国人民一道，推动国际秩序和全球治理体系朝着更加公正合理方向发展。

### （三）深刻揭示人类命运共同体同实现中华民族伟大复兴的中国梦息息相通

习近平总书记指出，中国梦汇聚了中国人民对美好生活向往的最大公约数，人类命运共同体汇聚着世界各国人民对和平、发展、繁荣向往的最大公约数[1]。这两个最大公约数，在内涵、目标和实现路径等方面是一脉相承的。中国梦的本质是国家富强、民族振兴、人民幸福，归根到底是人民的梦，必须紧紧依靠人民来实现，必须不断为人民造福。人民是中国梦的主体，是中国梦的创造者和享有者。人类命运共同体，就是每个民族、每个国家的前途命运都紧紧联系在一起，应该风雨同舟，荣辱与共，把世界各国人民对美好生活的向往变成现实，各国人民是人类命运共同体的创造者和享有者。中国梦是中国人民追求幸福的梦，也同世界人民的梦想息息相通。中国一心一意办好自己的事情，实现国家发展和稳定，既是对自己负责，也是为世界作贡献。中国人民深知，中国发展得益于国际社会，愿意同各国人民在实现各自梦想的过程中相互支持、相互帮助。中国将同国际社会一道，推动实现世界持久和平、共同繁荣，为人类和平与发展的崇高事业作出新的更大的贡献。

---

[1]《习近平同巴拿马总统巴雷拉举行会谈》（2017年11月17日），《人民日报》2017年11月18日。

## 第二节

# 世界百年未有之大变局重要论断的实践意义

习近平总书记关于世界百年未有之大变局的重要论断，明确回答了在世界百年未有之大变局中，与全面建设社会主义现代化国家紧密相关的一系列重大实践问题，对于准确把握重要战略机遇期、保持战略定力办好自己的事、推动构建人类命运共同体，具有极其重要的实践意义。

### 一、准确把握重要战略机遇期

对一个国家和民族来说，机遇极为宝贵、稍纵即逝。习近平总书记关于世界百年未有之大变局的重要论断，明确回答了大变局中，我国重要战略机遇期是否还在、重要战略机遇期内涵发生了什么变化，是坚定信心、凝聚共识推动建设社会主义现代化国家的实践指南。

### （一）把握重要战略机遇期的长期性

习近平总书记指出，我国发展仍处于并将长期处于重要战略机遇期[1]。党的十六大指出，“综观全局，二十一世纪头二十年，对我国来说，是一个必须紧紧抓住并且可以大有作为的重要战略机遇期”，这是党中央第一次提出重要战略机遇期的重大判断。国际金融危机爆发后，世界政治经济格局开始发生深刻变化。党的十八大明确指出，“综观国际国内大势，我国发展仍处于可以大有作为的重要战略机遇期”，同时“要准确判断重要战略机遇期内涵和条件的变化”。当前，世界处于百年未有之大变局，我国即将全面建成小康社会。在此形势下，以习近平同志为核心的党中央作出我国发展仍处于并将长期处于重要战略机遇期的重大判断，对于厘清认识、坚定信心、全面推进社会主义现代化国家建设，具有十分重要的实践意义。和平与发展仍是当今时代主题，大国之间发生战争必将遭到全世界人民反对。解决各种世界性难题需要加强国际合作，我国拥有解决世界性难题的强大能力和资源，作用不可替代。经济全球化是不可逆转的时代潮流，求合作、谋发展仍是世界各国的共

[1]《习近平新时代中国特色社会主义思想学习纲要》，学习出版社、人民出版社2019年版，第65页。

同愿望。全球新一轮科技革命和产业变革迅速发展，创新成果层出不穷，我国在其中有着重要位置。我国作为世界最大市场的潜力和作用不断发挥，强大国内市场的吸纳能力、消化能力独一无二，各国普遍希望积极分享中国发展机遇。发展的时与势在我们一边，重要战略机遇期具有长期性特征。

### （二）把握重要战略机遇期的新内涵

重要战略机遇期的新内涵可以概括为五个新机遇。一是加快经济结构优化升级带来新机遇。全球新一轮科技革命和产业变革同我国经济结构优化升级交汇融合，只有加快经济结构优化升级、推动高质量发展，才能构建起面向未来的经济结构。二是提升科技创新能力带来新机遇。核心技术受制于人是发展最大的隐患，不掌握核心技术，就会被卡脖子、牵鼻子。我国科技创新发展潜力巨大，必须坚持自主创新、自力更生、奋起直追，在关键核心技术创新上取得重大突破，为我国经济发展增添新的动能和优势。三是深化改革开放带来新机遇。我国经济要发展壮大，就必须到世界经济大海中去搏击。要把改革之路走得更快、开放之门开得更大，以改革开放新突破带来社会生产力大跃升。四是加快绿色发展带来新机遇。应对气候变化和促进可持续发展是人类面临的共同挑战，各方普遍期待我国积极发挥引领作用。要加大生态文明建设力度，既推动经济可持续发展，又拓展国际合作和发展空间。五是参与全球经济治理体系变革带来新机遇。当前全球经济治理体系变革处于重要时期，我国具备发挥更大作用的积极条件，推动建设开放型世界经济，为经济发展营造更好的外部环境。

### （三）要善于化危为机、转危为安

习近平总书记指出，危和机同生并存，克服了危即是机[1]。当前，外部挑战只要应对得当，完全可以转化为加快发展的强大动力。产业面临“前堵后追”压力，可以转化为经济结构优化升级的新机遇；科技创新面临“卡脖子”，可以转化为提升自主创新能力的新机遇；结构性改革面临体制机制制约挑战，可以转化为深化改革开放的新机遇。关键是要善于学会利用“危”，在应对“危”中创造“机”，变外部压力为发展动力。“危”向“机”转化的关键在于我国长期发展中积累起来的经济实力、科技实力、综合国力和国际影响力，我国完全可以化危为机、转危为安，维护并拓展重要战略机遇期。

## 二、在大变局中保持战略定力

“敌军围困万千重，我自岿然不动”。习近平总书记关于世界百年未有之大变局的重要论断，深刻阐明了在大变局带来前所未有的困难和挑战面前，我们怎么办的问题，是我们认准目标、找准方

[1] 在浙江考察时的讲话（2020年3月29日–4月1日），《人民日报》2020年4月2日。

向、坚定自信、保持战略定力、以我为主谋发展的实践指南。

### （一）坚持办好自己的事

习近平总书记指出，只要我们保持战略定力，集中精力办好自己的事情，我们认准的目标就一定能实现[1]。面对纷繁复杂的外部环境，集中精力办好自己的事，是我们应对一切挑战和困难，实现全面建成小康社会、进而全面建设社会主义现代化国家的根本保证。当前，世界处于百年未有之大变局，国际政治经济格局深刻调整，科技进步日新月异，大国竞争日趋激烈，我们比任何时候都更接近中华民族伟大复兴，但也面临任何时候都没有过的外部挑战和困难。在此形势下，我们要抓住和用好重要战略机遇期，集中主要资源和精力，专注于国内发展和改革，坚持以经济建设为中心，重点解决好国内矛盾和问题，不断壮大综合国力，不断改善人民的生活，不断建设对资本主义具有制度优越性的社会主义，不断为我们赢得主动、赢得优势、赢得未来打下更加坚实的基础。

### （二）坚持统筹发展和安全

党的十九大报告指出，统筹发展和安全，增强忧患意识，做到居安思危，是我们党治国理政的一个重大原则。世界百年未有之大

[1] 在上海考察时的讲话（2018年11月6–7日），《人民日报》2018年11月8日。

变局中，我国面临复杂多变的安全和发展环境，各种可以预见和难以预见的风险因素明显增多，各方面风险可能不断积累甚至集中显露。我们必须始终保持高度警惕。既要警惕“黑天鹅”事件，也要防范“灰犀牛”事件；既要有防范风险的先手，也要有应对和化解风险挑战的高招；既要打好防范和抵御风险的有准备之战，也要打好化险为夷、转危为机的战略主动战。要立足国际秩序的大变局、立足防范风险的大前提、立足我国发展重要战略机遇期的大背景来维护国家安全，保持战略定力、战略自信、战略耐心，把战略主动权牢牢掌握在自己手中。同时，要主动维护塑造国家安全，发挥负责任大国作用，引导国际社会共同塑造更加公正合理的国际新秩序，推动各方朝着互利互惠、共同安全的目标相向而行。

## 三、推动构建人类命运共同体

习近平总书记关于世界百年未有之大变局的重要论断，系统性创造性地阐述了在大变局中为什么要构建人类命运共同体、怎样构建人类命运共同体，是彰显大国责任和担当、推动构建人类命运共同体的实践指南。

### （一）推动构建新型国际关系

党的十九大报告指出，中国特色大国外交要推动构建新型国际关系，推动构建人类命运共同体。推动构建新型国际关系，是构建人类命运共同体的基本路径，就是要秉持相互尊重、公平正义、合作共赢原则，走出一条对话而不对抗、结伴而不结盟的国与国交往新路。我国推动构建新型国际关系，将努力构建总体稳定、均衡发展的大国关系框架，同美国共同推动以协调、合作、稳定为基调的中美关系，同俄罗斯发展新时代全面战略协作伙伴关系，同欧洲深化和平、增长、改革、文明伙伴关系和全面战略伙伴关系，同日本全面推进战略互惠关系，同金砖国家发展团结合作的伙伴关系。坚持正确义利观，深化同发展中国家务实合作，实现同呼吸、共命运、齐发展。按照亲诚惠容理念同周边国家深化互利合作，秉持真实亲诚对非政策理念同非洲国家共谋发展，推动中拉全面合作伙伴关系实现新发展。

### （二）推动共建“一带一路”

共建“一带一路”倡议要实现的目标，就是在“一带一路”国际合作框架内，各方携手应对世界经济面临的挑战，开创发展新机遇，谋求发展新动力，拓展发展新空间，实现优势互补、互利共赢，不断朝着人类命运共同体方向迈进。共建“一带一路”倡议根植历史，更面向未来，源于中国，更属于世界，正在成为我国参与全球开放合作、改善全球经济治理体系、促进全球共同发展繁荣、推动构建人类命运共同体的中国方案。我们将集中力量、整合资源，以基础设施等重大项目建设和产能合作为重点，解决好重大项目、金融支撑、投资环境、风险管控、安全保障等关键问题，形成更多可视性成果，推动高质量共建“一带一路”。我们将坚持开放、绿色、廉洁理念，不搞封闭排他的小圈子，把绿色作为底色，推动绿色基础设施建设、绿色投资、绿色金融，保护好我们赖以生存的共同家园，坚持一切合作都在阳光下运作，共同以零容忍态度打击腐败。我们将努力实现高标准、惠民生、可持续目标，引入各方普遍支持的规则标准，推动企业在项目建设、运营、采购、招投标等环节按照普遍接受的国际规则标准进行，同时尊重各国法律法规；坚持以人民为中心的发展思想，聚焦消除贫困、增加就业、改善民生，让共建“一带一路”成果更好惠及全体人民，为当地经济社会发展作出实实在在的贡献，同时确保商业和财政上的可持续性，做到善始善终、善作善成。我们将同合作伙伴一道，把“一带一路”打造成团结应对挑战的合作之路、维护人民健康安全的健康之路、促进经济社会恢复的复苏之路、释放发展潜力的增长之路。

### （三）建设持久和平、普遍安全、共同繁荣、开放包容、清洁美丽的世界

习近平总书记在2017年1月联合国日内瓦总部的演讲中明确提出，构建人类命运共同体，关键在行动。国际社会要从伙伴关系、安全格局、经济发展、文明交流、生态建设等方面作出努力，建设持久和平、普遍安全、共同繁荣、开放包容、清洁美丽的世界。建设持久和平的世界，就要相互尊重、平等协商，坚决摒弃冷战思维和强权政治，走对话而不对抗、结伴而不结盟的国与国交往新路。

建设普遍安全的世界，就要坚持以对话解决争端、以协商化解分歧，统筹应对传统和非传统安全威胁，反对一切形式的恐怖主义。建设共同繁荣的世界，就要同舟共济，促进贸易和投资自由化便利化，推动经济全球化朝着更加开放、包容、普惠、平衡、共赢的方向发展。建设开放包容的世界，就要尊重世界文明多样性，以文明交流超越文明隔阂、文明互鉴超越文明冲突、文明共存超越文明优越。建设清洁美丽的世界，就要坚持环境友好，合作应对气候变化，保护好人类赖以生存的地球家园。

## 第三节

# 世界百年未有之大变局重要论断的历史意义

从理论看，习近平总书记关于世界百年未有之大变局的重要论断，继承了党关于国际局势变化的理论创新成果，又把理论创新推到了新高度。从实践看，习近平总书记的重要论断，作为习近平新时代中国特色社会主义思想的重要组成部分，将为全面建设社会主义现代化国家的实践提供重要理论支撑。

### 一、将中国共产党关于国际局势变化的理论创新推到新高度

中国共产党是注重理论思维和理论创新的政党。密切关注世界大势变化，从纷繁复杂的国际政治经济现象中抽丝剥茧，形成对一

个较长时期世界大势本质特征的准确判断，是中国共产党优良的理论传统和理论品质，也是马克思主义政党宽广视野和胸怀的体现。在革命、建设和改革过程中，中国共产党有过若干次关于国际局势变化的重大理论创新。每次创新性论断的提出，都经过深刻观察、充分论证，而一旦提出，就会在较长时期成为全党全国推进国内工作和处理对外关系的重要指导思想。

1974年2月，毛泽东同志提出“三个世界”划分的战略思想。他在1974年2月22日会见赞比亚总统卡翁达时说，“我看美国、苏联是第一世界。中间派，日本、欧洲、加拿大，是第二世界。咱们是第三世界”，“第三世界人口很多。亚洲除了日本都是第三世界。整个非洲都是第三世界，拉丁美洲是第三世界。”[1]改革开放后，1985年3月4日邓小平同志会见日本商工会议所访华团时指出，现在世界上真正大的问题，带全球性的战略问题，一个是和平问题，一个是经济问题或者说发展问题。和平问题是东西问题，发展问题是南北问题。概括起来，就是东西南北四个字。南北问题是核心问题[2]。冷战结束后，以江泽民同志为核心的党的第三代中央领导集体、以胡锦涛同志为总书记的党中央，以“和平和发展是时代主题”思想为基础，逐步形成世界多极化的判断，不断丰富和发展了关于国际局势的若干重要论断，包括：世界正在发生

[1]《党史上的今天（2月22日）》，人民网。
[2]《党史上的今天（3月4日）》，人民网。

深刻复杂变化；世界多极化、经济全球化深入发展；文化多样化、社会信息化持续推进；科技革命孕育新突破；国际力量对比朝着有利于维护世界和平方向发展，保持国际形势总体稳定具备更多有利条件等。

世界处于百年未有之大变局，是以习近平同志为核心的党中央对国际局势变化的又一次重大理论创新。这次创新特色鲜明，将党关于国际局势变化的理论创新推到新高度。一是历史的纵深性。将当今时代置于人类历史长河中，用三个“前所未有”指出对人类命运起决定性作用的重大变化，将马克思主义宽广视野发挥到极致，充分体现了习近平总书记的马克思主义政治家胸怀。二是内涵的丰富性。与世界百年未有之大变局的论断紧密相连，第一次作出“我国将长期处于重要战略机遇期”的重大判断，第一次对重要战略机遇期新内涵进行系统阐述，第一次明确提出“把我国发展壮大作为最大机遇”，第一次鲜明提出并深刻阐述人类命运共同体思想，第一次系统明确提出中国的全球治理观，使得这一论断具有了十分丰富的内涵。三是影响的广泛性。习近平总书记关于世界百年未有之大变局的论断、关于推动构建人类命运共同体的思想、关于改革完善全球治理体系的理论，在国际上引起强烈反响，得到越来越多国家和国际组织的认可与欢迎，人类命运共同体理念多次被写入联合国等的重要文件，产生前所未有的影响，为世界和平和人类进步贡献中国智慧。

## 二、为全面建设社会主义现代化国家提供重要理论支撑

伟大事业需要科学理论，科学理论引领伟大事业。历史上，有了毛泽东思想的指导，中国共产党团结带领全国各族人民完成了新民主主义革命，确立了社会主义基本制度，成功实现了中国历史上最深刻最伟大的社会变革。有了邓小平理论、“三个代表”重要思想和科学发展观的指导，我们党团结带领全国各族人民成功开创了中国特色社会主义，全面推进改革开放，推进党的建设新的伟大工程，成功在新的历史起点上坚持和发展了中国特色社会主义。

习近平新时代中国特色社会主义思想，是指导全面建成小康社会、进而全面建设社会主义现代化国家的科学理论。关于世界处于百年未有之大变局的重要论断，是习近平新时代中国特色社会主义思想的重要理论创新。这一论断，指导正确认识国际政治经济格局的矛盾运动，科学把握外部环境的复杂变化。这一论断，指导正确认识当代中国在世界历史中的方位，科学把握中国与世界的相互关系。这一论断，指导正确认识全面建设社会主义现代化国家新征程中面临的历史机遇和挑战，科学把握发展的重要战略机遇期。这一论断，指导正确认识人类走向命运共同体的历史大势，科学把握推动构建人类命运共同体的方法与路径。总之，这一论断将以其科学性、前瞻性和人民性等理论特质，在习近平新时代中国特色社会主义思想中占据重要地位，成为全面建设社会主义现代化国家历史伟业的重要理论支撑。

# 第二章

# 大变局下世界发展的主要趋势

地理大发现后，西方崛起成为世界历史发展的重要特征，西方强国凭借工业革命带来的雄厚经济和军事实力构建起其主导的国际体系。20世纪以来，在生产力与生产关系、经济基础与上层建筑这两对基本矛盾的作用下，在发展不平衡导致国际权力更迭这一基本规律的支配下，人类社会经历了凡尔赛-华盛顿体系、雅尔塔体系、冷战后“一超多强”等三次国际格局的大重组，经历了以信息化为主要特征的第三次工业革命，生产生活模式发生深刻变化。国际金融危机爆发后，世界大发展大调整大变革态势更趋显现，国际政治多极化进一步加深，全球治理朝着更加公正合理的方向演进，百年未有之大变局在更广范围、更宽领域、更深层次上持续发展演化。

## 第一节

# 和平与发展仍是时代主题，国际力量对比更趋平衡

习近平总书记指出，百年未有之大变局之下，世界发生深刻复杂变化。一大批新兴市场国家和发展中国家走上发展快车道，十几亿、几十亿人口正在加速走向现代化，多个发展中心在世界各地区逐渐形成[1]。国际力量对比更趋平衡，世界经济在深度调整中曲折复苏，全球治理体系深刻变革。人类命运之紧密相联前所未有，各国利益之深度融合前所未有，和平与发展仍是当今时代主题。

[1] 在莫斯科国际关系学院的演讲（2013年3月23日），《人民日报》2013年3月24日。

## 一、20世纪90年代前西方发达国家在国际力量对比中处于主导地位

地理大发现后，西方发达国家的兴起成为国际经济格局中的重要特征。在工业革命的推动下，西方国家在经济、政治、科技、军事等领域的优势不断加强，逐步构建起一个以西方世界为“核心”、以非西方的发展中国家为“边缘”的“中心–边缘”型世界体系。

从经济领域看，整个20世纪，以西欧和美国为代表的西方发达国家通过技术进步极大地提高了生产效率，实现经济迅速崛起。如表2–1所示，1913年，西欧和美国的GDP占世界的比重从1500年的18.2%大幅增至52.6%，而亚洲（不包括日本）、非洲、拉丁美洲GDP合计仅占世界的29.1%。“二战”后，布雷顿森林体系建立，美国主导成立国际货币基金组织和国际复兴开发银行（世界银行的前身），美、英等国签署《1947年关税与贸易总协定》，以美国为中心的资本主义世界经济体系形成，进一步巩固了西方发达国家的优势。据世界银行《2000/2001年世界发展报告》统计，1999年七国集团GDP合计达19万亿美元，占全球GDP的65%。西方发达国家控制了全球生产、资本、技术和贸易，牢牢掌握世界经济主导地位。

表2–1 部分国家和地区GDP占世界GDP的份额 单位：%

| 国家（地区） | 1500年 | 1600年 | 1700年 | 1820年 | 1870年 | 1913年 | 1950年 | 1973年 | 1998年 |
|---|---|---|---|---|---|---|---|---|---|
| 西欧 | 17.9 | 19.9 | 22.5 | 23.6 | 33.6 | 33.5 | 26.3 | 25.7 | 20.6 |
| 美国 | 0.3 | 0.2 | 0.1 | 1.8 | 8.9 | 19.1 | 27.3 | 22 | 21.9 |
| 拉丁美洲 | 2.9 | 1.1 | 1.7 | 2 | 2.5 | 4.5 | 7.9 | 8.7 | 8.7 |
| 中国 | 25 | 29.2 | 22.3 | 32.9 | 17.2 | 8.9 | 4.5 | 4.6 | 11.5 |
| 亚洲 | 62.1 | 62.9 | 57.6 | 56.2 | 36 | 21.9 | 15.5 | 16.4 | 29.5 |
| 非洲 | 7.4 | 6.7 | 6.6 | 4.5 | 3.6 | 2.7 | 3.6 | 3.3 | 3.1 |

资料来源：安格斯·麦迪逊《世界经济千年史》。其中，亚洲的统计数据不包括日本。

从政治领域看，在非西方世界尚处于封建社会的桎梏之中时，西方国家率先以一系列资产阶级革命瓦解封建统治，确立了资本主义制度发展的政治基础，在当时的世界中处于明显的领先地位。17世纪以来的国际政治体系中，威斯特伐利亚体系、维也纳体系、凡尔赛体系均由西方国家组成和主导。“二战”后，确立雅尔塔体系，以美苏为首的两大阵营展开竞争，世界两极格局形成。20世纪90年代，两极格局瓦解，资本主义制度伴随贸易投资活动向全球扩张，在全球政治中占据主导地位。

从科技领域看，工业革命是推动世界技术进步的根本力量和关键因素，使西方国家真正进入崛起的上升通道。第一次工业革命确立了英国的世界霸主地位，其他西欧国家紧随其后，逐步建立较为完整的工业体系。机器的使用使西方国家生产力水平大幅提高，经济空前繁荣，社会结构加速转型。美国和德国抓住了第二次工业革命的机遇，美国在世界工业总产值的比重从1860年的17%迅速上升到1890年的31%，从此成为世界上最发达的资本主义国家，进而凭借其雄厚的物质、技术、人才基础成为第三次科技革命的发源地，引领了全球信息化的进程。

从军事领域看，在工业革命的基础上，西方国家掌握了当时最先进的军事技术，军事力量占据压倒性优势。哈佛大学教授塞缪尔·亨廷顿指出，20世纪西方国家在军事力量的各个方面都遥遥领先，在进入21世纪后相当一段时间内垄断了进行全球军事干预的能力。

西方国家凭借在上述领域的竞争优势，维护其世界经济体系规则制定者的地位。

## 二、20世纪90年代以来新兴市场国家和发展中国家加快群体性崛起

随着广大新兴市场国家和发展中国家深度参与全球分工，其经济实力和政治地位不断上升，世界格局“东升西降”态势更趋明显，新兴市场国家和发展中国家长期在国际舞台上充当配角的状况正逐步改变。

“二战”结束后，亚非拉地区民族意识普遍觉醒，民族解放运动风起云涌，帝国主义殖民体系土崩瓦解，一大批国家走上独立发展的道路，世界政治格局产生巨大变化。1945年《联合国宪章》

通过，作为国际新秩序维护者的联合国成立。1945年至20世纪70年代末，全球78个国家获得独立。1971年第26届联合国大会时，联合国成员国已从成立之初的51个增至129个，增加的成员国都是“二战”后新获得民族独立的国家，更多非西方国家得以在国际舞台发出自己的声音。广大发展中国家积极参与全球分工、融入世界市场，加快发展经济。

20世纪90年代末以来，新兴市场国家和发展中国家群体性崛起具有重要意义，为世界格局带来新的重大调整。2018年，新兴市场国家和发展中国家对世界经济增速的贡献率已到80%，按汇率法计算，这些国家经济总量占世界比重接近40%。保持现在的发展速度，10年后将接近世界总量一半。以中国和印度为首的新兴市场国家表现亮眼。据世界银行的数据，2019年中国经济总量为14.34万亿美元，约占世界经济总量的17%，位列世界第二；印度排名世界第五，经济总量约为2.88万亿美元。新兴市场国家占据半壁江山的二十国集团成为全球经济治理的重要机制，金砖国家、上海合作组织等逐步发展为具有重要影响力的国际合作平台，金砖国家新开发银行、亚洲基础设施投资银行等多边金融机构在近十年中陆续成立并发挥作用，全球经济治理体系加速变革。

## 三、和平与发展仍是时代主题

进入21世纪，世界发生巨大变化，和平与发展面临更加复杂的挑战，但世界多极化和经济全球化始终是世界大势，求和平、谋发展仍是国际主流。任何国家或国家集团都无法单独主宰国际事务，以联合国为核心、《联合国宪章》为准则的国际政治安全秩序仍在有效运转；大国竞争与较量主要发生在经济、科技等领域，双边或多边磋商仍是管控分歧的主要方式；战争不再是解决国家之间重大矛盾的选项，避免直接军事冲突通常是大国博弈的底线。世界各国相互联系、相互依存的程度空前加深，越来越成为你中有我、我中有你的命运共同体，和平、发展、合作、共赢的时代潮流更加势不可挡。

经济全球化为世界经济增长提供了强劲动力，促进了商品和资本流动、科技和文明进步、各国人民交往，人类社会呈现出前所未有的繁荣。各国虽国情不同、发展阶段不同、面临的现实挑战不同，但推动经济增长的愿望相同，应对危机挑战的利益相同，实现共同发展的憧憬相同。正视并解决经济全球化中存在的矛盾与问题，维护多边贸易体制，按照共同制定的规则行事，在全球治理中以合作为动力，共同应对全球性挑战，是各国经济发展的大方向。

随着国际力量对比发生重要变化，国际关系民主化渐成大势。新兴市场国家和发展中国家群体性崛起打破了数百年来由西方少数国家垄断国际事务的局面，深刻地改变着世界政治格局和经济版图，成为牵动国际关系和国际格局调整的重要因素。

当前，各国间的共同利益超过相互间在意识形态、地缘政治等方面的矛盾分歧，世界多极化深入推进，全球战略格局更趋平衡，推动国际关系朝着更加公正、合理的方向演变。这些都成为反对霸权主义和强权政治、维护世界和平与稳定的重要支撑，和平与发展的时代主题在新的历史条件下将长期保持并进一步彰显。

## 第二节

## 经济全球化深入发展的大势不可逆转，已进入模式调整期和动力转换期

习近平总书记指出，经济全球化是社会生产力发展的客观要求和科技进步的必然结果。经济全球化为世界经济增长提供了强劲动力，促进了商品和资本流动、科技和文明进步、各国人民交往，符合各国共同利益[1]。短期内“逆全球化”思潮的上扬不会改变经济全球化深入发展的大趋势。面对经济全球化带来的机遇和挑战，正确的选择是，充分利用一切机遇，合作应对一切挑战，引导好经济全球化走向[2]。在

[1] 在庆祝海南建省办经济特区30周年大会上的讲话（2018年4月13日），《人民日报》2018年4月14日。

[2] 在世界经济论坛2017年年会开幕式上的主旨演讲（2017年1月17日），《人民日报》2017年1月18日。

各国共同努力下，未来经济全球化将朝着更加开放、包容、普惠、平衡、共赢的方向发展。

## 一、贸易投资自由化便利化仍将不断深化

从理论角度看，贸易投资自由化便利化不可逆转是唯物主义的科学论断，符合经济发展客观规律。马克思主义唯物史观认为，生产力水平是决定人类社会交往形式的最根本因素。随着生产力的发展，人类社会交往形式的自由便利程度将显著提升，由早期的血缘交往、家庭交往逐渐进化为区域交往、国家交往，最终实现“自由人联合体”的交往。贸易投资等经济交往活动在人类社会交往活动中处于基础地位，人类交往逐渐自由便利的过程必然会促成贸易投资不断向自由化便利化方向发展。绝对比较优势理论、相对比较优势理论、要素禀赋理论、国际投资理论等经济发展理论也证明，随着科技水平的不断提升，各个微观主体和其他主体开展贸易投资合作的客观便利程度将持续提高，这必然会推动其从自身利益最大化和效用最大化的目标出发，和其他微观主体开展更加深入的合作，最终推动经济全球化深入发展和贸易投资自由化便利化水平不断提升。

从历史维度看，贸易投资自由化便利化是逐步推进且持续加速的过程。“二战”前，虽然英国、荷兰等国为拓展国际市场，逐步形成了自由贸易的理念，但受重商主义、贸易保护理论等学说的影响，相当一部分欧美国家仍然对贸易投资活动实施较多限制。自

“二战”结束到冷战结束之前的近50年间，西方各国吸取了20世纪30年代大萧条时期保护主义政策严重影响全球经济复苏的教训，建立了以布雷顿森林体系、关税与贸易总协定为代表的多边经济治理体系，推动贸易投资自由化便利化加速发展。但这一时期贸易投资自由化便利化覆盖范围有限，以前苏联为代表的社会主义阵营国家基本上独立于这一体系之外，和西方发达国家的贸易投资合作水平很低。冷战结束以来，各国之间的贸易投资自由化便利化水平迅速提升，形成“你中有我、我中有你”的态势。根据联合国贸易和发展会议（UNCTAD）公布的数据，2019年全球货物贸易额达到18.88万亿美元，为1991年的5.4倍；全球直接投资存量达到36.47万亿美元，为1991年的14.8倍（见图2-1）。

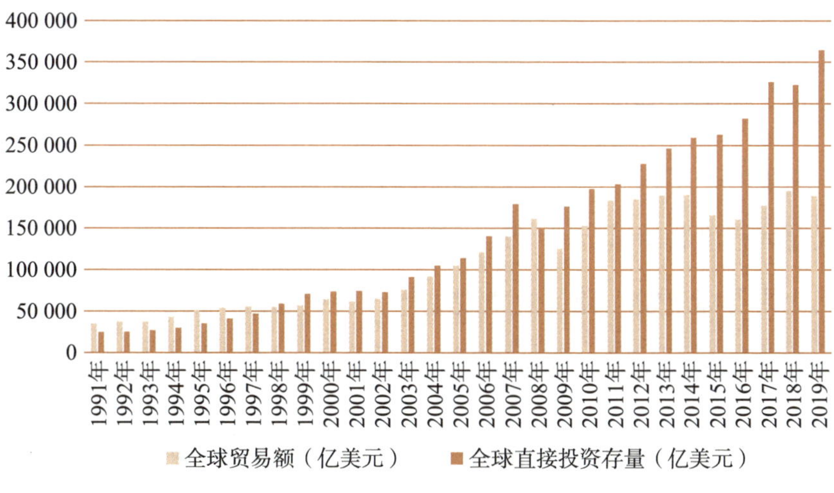


图2-1　冷战结束以来全球货物贸易额和全球直接投资存量走势

数据来源：联合国贸易和发展会议。

从发展趋势看，未来全球贸易投资自由化便利化将进入新阶段。一方面，贸易投资自由化便利化仍将深入发展。虽然新冠肺炎疫情加剧了部分发达国家孤立主义倾向，“逆全球化”风潮有所抬头，但贸易投资自由化便利化符合经济规律和各方利益，不会因暂时困难而根本逆转，国与国之间的联系只会更加紧密。人类社会希望交往更加自由便利的意愿仍然强烈，以移动互联网、人工智能为代表的新兴技术迅速发展将进一步推动贸易投资自由化便利化，以跨国公司为代表的经济主体也将继续推动商品和要素自由流动。特别是中国作为世界第二大经济体，坚定不移扩大开放，实行高水平的贸易投资自由化便利化政策，维护和加强多边贸易体制，积极谋求互利共赢合作发展将发挥推动经济全球化朝正确方向发展的重要作用，为提升全球贸易投资自由化便利化水平注入新动力。

另一方面，贸易投资自由化便利化的模式和动力将发生变化。从模式上看，以垂直专门化分工为代表的上一轮全球化模式正在萎缩，而以服务贸易、数字贸易和跨境电商等为代表的新型全球化模式将迅速发展，可能成为未来贸易投资自由化便利化的主要模式。从动力上看，为降低跨国公司成本的传统贸易投资自由化动力有所减弱，广大微观经济主体通过扁平化、分散化合作创造更多价值的新动力将持续加强。

## 二、国际货币体系有望向更加完善平衡方向发展

自18世纪英镑本位制开启主权货币行使国际货币职能以来，国际货币体系历经数次崩溃和重建，形成了国际储备体系多元化、汇率制度安排多样化和国际收支调节机制多样化的牙买加体系，美元在这一体系中处于主导地位。但这一体系并未有效解决全球金融治理中的诸多深层次矛盾，迫切需要进行较为彻底的改革。

### （一）现行国际货币体系的主要特征是主权货币行使国际货币职能

主权货币首要职能是为主权国家利益服务，而主权国家利益与全球整体利益常常存在冲突，其结果是储备货币发行国在享有全球铸币税的同时，并没有较好地承担稳定国际金融市场的责任，其他国家反而还要承受其货币政策的负溢出效应，导致国际金融体系稳定性缺乏内在支撑。20世纪70年代时任美国财政部长的约翰·康纳利曾经说过“美元是我们的货币，却是你们的问题”。美元主导的国际货币体系下无法解决“特里芬难题”，即世界经济发展需要美国输出美元提供流动性支持，这需要美国国际收支长期逆差；而作为国际货币美元需要保持币值稳定，这需要美国贸易收支保持顺差，这两者天然存在矛盾。

### （二）国际货币体系的平稳在本质上还取决于各个国家之间的有效协调

在现行国际货币体系下，由主权货币行使国际货币的职能，其汇率的稳定除了取决于货币发行国的经济状况和货币政策等因素以外，实际上还需要其他国家配合货币发行国来稳定汇率。当世界各国之间的利益冲突较小，可以进行有效协调时，国际货币体系能够相对保持稳定；否则，国际货币体系就会出现较大的波动。因此，国际货币体系的问题表面上看是货币问题，但本质上是发展过程中各国利益冲突与协调的问题，目前国际货币体系正面临不断上升的协调失灵风险。

### （三）由于现行国际货币体系未对储备货币发行国形成硬约束，可能引发国际金融危机

现行国际货币体系缺乏对各国汇率制度安排、政策选择和汇率稳定的显性协调机制，导致非储备货币发行国只能通过大幅度调整汇率以调节国际收支失衡，常常引发竞争性贬值，甚至发展到在金融危机中被动进行超调。2008年国际金融危机后，为解决现行国际货币体系存在的诸多缺陷，在二十国集团的推动下，国际货币体系实施了一系列改革。国际货币基金组织几次修订《基金组织协定》，全面改革了其总体贷款框架，大幅度加强了对各成员国金融风险的监督和预警，有效维持了国际货币体系的稳定，但国际货币体系存

在的诸多根本性矛盾尚未得到有效解决。

### （四）未来国际货币体系改革仍将稳步推进

主权国家仍是当今世界政治经济的行为主体，特别是美元作为最主要的储备货币、交易货币和支付货币的地位短期内不会改变，国际货币体系改革仍将强调发挥国际货币基金组织等国际组织的协调功能、完善储备货币发行的制约机制以及国际收支调节机制。同时，随着新一代信息技术的迅速发展，数字货币也将对国际货币体系产生影响。

## 三、区域经济一体化继续深入发展

区域经济一体化一直是全球化发展的重要动力之一。“二战”后，各国在积极推动经济全球化的同时，也将区域经济合作作为经济全球化的重要前提和过渡阶段，区域经济一体化得到了迅速发展。

20世纪下半叶以来，东盟、北美自贸区及欧盟等相继建立，大幅削减了区域内部的贸易投资壁垒，各大洲内部的区域一体化程度大幅提升。跨洲区域经济一体化迅速发展。亚太经济合作组织（APEC）推动亚太经济一体化进程，促进形成推进亚太自贸区共识。日本等11个亚太经济体签署了全面与进步跨太平洋伙伴关系协定（CPTPP）。各大主要经济体所签署的多双边自由贸易协定数量迅速增长。据世界贸易组织统计，截至2020年7月末，全球已经生效的区域贸易协定达到305个，是1990年的13.8倍（见图2–2）。

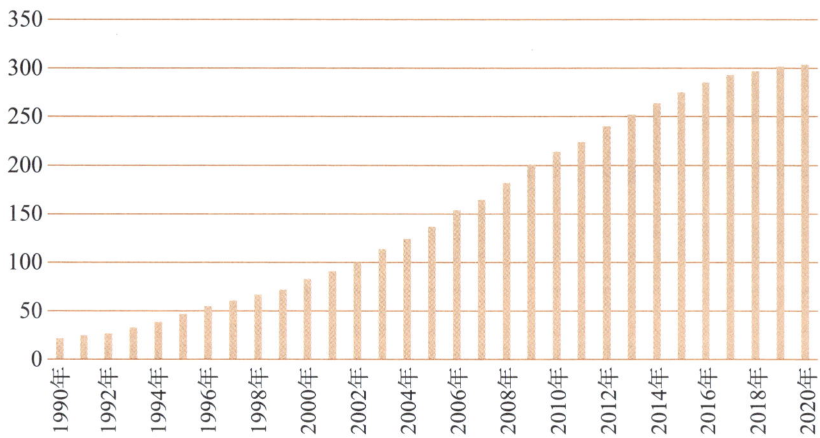


图2–2 1990年以来全球区域贸易协定数量走势（单位：个）

数据来源：世界贸易组织（WTO）。

展望未来，区域经济一体化将继续深入发展。随着跨境经贸合作层次的持续提升，经贸谈判涉及的议题不仅包括传统的货物贸易、服务贸易等范围，而且将环境、劳工、政府采购、透明度、竞争政策、知识产权、电子商务等议题纳入体系，由“边境”议题向“边境后”议题延伸。发达国家和新兴市场国家之间，乃至发达国家内部在这些议题上达成共识的难度持续上升。

为此，各方倾向于和理念相近的合作方共同推动区域经济一体化。中国不断完善区域经济合作安排，加强共建“一带一路”倡议与各国发展战略对接，坚定推动亚太自由贸易区建设，成为全球经济活力最强的亚太地区区域经济一体化的重要动力。在各方力量的推动下，以中韩自由贸易协定、全面与进步跨太平洋伙伴关系协定、欧盟－日本经济伙伴关系协定、美墨加协定为代表的高标准自贸协定相继出台，区域全面经济伙伴关系协定（RCEP）这一亚太地区规模最大的自贸协定谈判取得积极进展，中日韩自由贸易协定等谈判也在持续推进之中。

## 第三节

# 新一轮科技革命和产业变革深入推进，人工智能等现代信息技术成为重要驱动力量

生产力的发展是人类社会进步的决定性因素。每一次工业和科技革命，不但会极大推动社会生产力发展，引发生产方式的重大变革和生活水平的大幅跃升，而且会深刻改变世界发展格局，导致大国消长和全球主导权更迭，改变人类历史发展的轨迹。21世纪以来，科学技术加速进步，新一轮科技革命和产业变革深入推进，呈现多点突破、交叉汇聚的特征。当前世界正处在新科技革命和产业变革的交汇点上，人工智能是引领新科技革命和产业变革的战略性技术，正在对经济发展、社会进步、全球治理等方面产生重大而深远的影响。

## 一、历次科技革命和产业变革均是国际格局变化的根本性力量

18世纪60年代开始，英国出现了以蒸汽机广泛使用为标志的第一次工业革命，珍妮纺织机、蒸汽机、蒸汽轮船和蒸汽火车等相继出现，人类社会进入了“蒸汽时代”。一方面，第一次工业革命彻底改变了传统的生产方式。大机器被广泛应用于生产，取代了传统落后的手工生产，开启工业化进程；现代化的城市出现，人口开始向城市集聚，人们的生活、学习和思维方式发生了重大变化；机器生产极大地解放了人力，煤矿、冶金、交通运输等行业发展迅速，生产力大幅提高。另一方面，第一次工业革命对社会关系、世界格局等也产生了深远影响。机器等生产资料逐渐集中到资本家手中，社会开始分化为工业资产阶级和无产阶级；蒸汽轮船等新交通工具出现，加强了世界各地之间的联系，资本主义世界体系初步形成。英国作为第一次工业革命的策源地，成为全球第一个工业化国家，并借此树立了在全球的霸主地位。18世纪末，法国、德国、美国等也相继开启工业革命进程，经济实力大幅提升。但由于市场和资源的限制，这些国家开始通过殖民等手段在世界范围内抢占商品市场和原料产地，以西方国家为主导的世界市场初步形成。

19世纪60年代开始，欧美等国爆发了以电力和电器的广泛应

用为代表的第二次工业革命，发电机、电灯、内燃机、汽车、飞机等新产品相继问世，生产力迅猛发展，人类社会进入了“电气时代”。与英国主导第一次工业革命不同，第二次工业革命几乎同时发生在美国、英国、德国、法国等先进资本主义国家，新技术、新发明跨越国界，发展更为迅速，不断催生出新产业，加强了世界各地的经济联系，改变社会结构和大国关系，深刻影响了人类社会的发展进程。电力、石化、汽车、钢铁等一系列新兴工业不断涌现，自然科学领域的新发现同工业生产紧密联系起来，新的科技成果迅速应用于工业生产，科学与技术的结合取得了巨大进步。新型交通和通信工具的发明，加强了世界各地的商业联系，世界市场最终形成，资本主义确立起对世界的统治，东方与西方的发展差距进一步拉大。资本主义国家间力量对比发生变化，英法等老牌资本主义国家发展相对缓慢，英国丧失了“世界工厂”的地位，而美国、德国等抓住机遇发展迅速，到19世纪末20世纪初，工业产值已超越英国、法国分居世界前两位。日本等一些资本主义国家在第二次工业革命开始时，还未完成第一次工业革命，但这些国家同时吸收利用了两次工业革命的新技术，实现了经济的跨越式发展。

## 二、信息化和互联网主导第三次工业革命发展

20世纪50年代开始，全球范围内掀起了第三次工业革命浪潮。

第三次工业革命，是以原子能、空间技术和电子计算机的广泛应用为标志，在航天、航空、海洋、电子技术、核能、计算机、新能源、新材料、生物等诸多技术领域爆发的一场新技术和新产业革命。在这次工业革命中，科学技术发挥了更重要的作用，科学的探索领域不断开阔，各学科之间的联系和渗透逐渐深入，科学与技术之间的结合和促进更为紧密，科技转化为生产力的速度大大提高。20世纪中后期，计算机和互联网技术被广泛应用，逐渐成为第三次工业革命的核心，人类社会进入了“信息时代”。

第三次工业革命是人类文明发展史上的又一次技术性飞跃。科技创新大大解放了发展潜力，生产技术不断突破，劳动者素质和技能不断提升，生产过程逐渐自动化，生产率大幅提高，高新技术产业和服务业占国民经济比重上升，人们的衣、食、住、行、用等日常生活水平明显改善，行为和生活方式发生重大变化。科学技术对经济发展的重要性日益突出，主要发达经济体大幅度提高对科技的投入，科技日益成为各国竞争的焦点。以我国为代表的一些新兴市场国家抓住了科技进步和经济全球化的历史机遇，经济实力快速提升，但也有不少发展中国家错失良机，与发达国家综合国力的差距进一步拉大。经济全球化进程持续推进，计算机和通信技术的广泛使用，以及大规模船舶等运输工具的出现，让全球范围内组织生产成为可能，形成依托各国比较优势的、高度专业化分工的全球生产网络，并出现了垂直专业化等国际分工新趋势。20世纪90年代开始，新一轮经济全球化兴起，国际贸易、投资长期快速增长，世界各国经济相互依存加深，进一步加速了世界格局的多极化进程。

## 三、人工智能成为新一轮科技革命和产业变革重要驱动力

当前，一批前沿关键技术正在多点突破、交叉汇聚、群体跃进，一场更大范围、更深层次的新科技革命和产业变革正在全球范围蓬勃兴起。信息技术、生物技术、新材料技术、新能源技术等几乎渗透到所有领域，带动了以绿色、智能、泛在为特征的重大技术变革，深刻影响经济和社会发展。人工智能逐渐成为引领新科技产业革命的重要驱动力。在移动互联网、大数据、超级计算、传感网、脑科学等新理论新技术推动下，人工智能呈现深度学习、跨界融合、人机协同、群智开放、自主操控等新特征，将带领人类社会进入“智能时代”。

### （一）新科技革命和产业变革创造出大量新产业、新业态、新生产方式和新商业模式

新能源汽车、智能装备、大数据以及“互联网+”等一批新产业出现，增材制造、虚拟现实等成为新的生产方式，共享经济、网上购物、定制生产等新商业模式陆续出现，产业结构、消费结构等加速升级。同时，技术创新颠覆了很多现有产业的形态、分工和组织方式，对就业、劳动者技能等提出了新要求。

### （二）新科技革命和产业变革为全球经济发展提供强大新动能

从需求侧看，一方面，新科技革命和产业变革带来大量新投资机会，推动全社会对应用和基础研究、科技成果产业化等投资持续增加，加速新技术对旧技术、新设备对旧设备等的替代，进一步扩大投资；另一方面，技术创新带来的新产品也会创造出巨大需求和商机，促进消费和经济增长。从供给侧看，科技创新大大提高了技术进步对经济增长的贡献率，为全球经济增长注入持久的发展新动能。

### （三）新科技革命和产业变革使各国科技竞争更为激烈

新科技革命和产业变革将重塑国家竞争力，各国迫切希望抢占科技竞争制高点。发达国家开始在科技创新战略制定、国际经贸规则重塑、新型基础设施建设等方面提前谋篇布局，争取保持在全球的领先和主导地位；新兴市场国家和发展中国家则力图把握机会实现“弯道超车”，缩小与发达经济体间的差距。很多国家将支持新技术创新和新产业发展上升为国家战略，相继出台支持政策，如德国工业4.0计划、日本机器人革命行动计划、美国工业互联网联盟等。

### （四）新科技革命和产业变革引发世界格局深刻调整

新科技革命和产业变革对各国竞争力和国际地位的影响进一步

凸显，世界政治经济格局出现新调整。发达国家经济和科技领先，在新科技革命和产业变革中具有先发优势，仍将主导全球创新格局。同时，以中国和印度为代表的新兴市场国家，在新科技运用方面具有强大的规模优势，在科技创新方面与发达国家的差距逐步缩小，将带来全球经济格局新变化。

## 第四节

# 全球工业化和城镇化深入发展，世界经济具备实现中长期增长的基础

工业化与城镇化是现代化的两大引擎。工业化是城镇化的重要动力，城镇化发展也对工业化具有重要带动作用，二者的深入融合发展是推动经济健康发展和现代化进程的不竭力量。工业化的过程就是经济活动的集聚过程，这一过程带来人口和生产要素的集聚效应与规模经济效应，推动城镇化发展，带动国家或地区经济增长、社会结构调整和社会文明演进。同时，城镇化发展带来的基础设施提升和完备的技术、通信、金融等服务，有利于大幅改善工业企业生产环境，提高产业链供应链水平，降低工业经济运行成本，更好地激发规模经济活力，加速工业化进程。

## 一、发达国家引领和主导工业化和城镇化进程

历史上，欧美等发达国家发起并率先实现工业化，并据此长期保持其综合国力领先地位。伴随经济全球化发展，发达国家长期重消费轻生产，过度依赖以金融业、房地产业为代表的虚拟经济，导致制造业严重萎缩、实体经济“空心化”。2008年国际金融危机促使发达国家重新审视工业化的重要性，将“再工业化”作为重塑竞争优势的重要战略。发达国家通过鼓励科技创新，大力发展新一代信息技术、新能源、生物、航空航天等新兴产业，加大研发和教育投入等政策措施，推动工业向高端、高附加值领域迈进，实现以制造业转型升级和新兴产业振兴为核心的经济结构转型。2009年美国出台《美国复苏和再投资法案》，推出了总额为7 870亿美元的经济刺激方案，将基建、教育、科研、可再生能源及节能项目等列为投资重点。欧盟于2009年和2010年先后推出《欧盟交通道路电动化路线图》《欧盟2020》等一系列“再工业化”的战略部署，以实现科技创新和绿色经济为主的可持续增长。日本2010年全面启动“重振日本的蓝图”计划，大力发展基础设施、环保产品、医疗服务、文化产业和宇宙空间五大战略性产业。

当前，主要发达国家都已完成城镇化进程，并达到了较高水平。2018年北美洲、欧洲城镇化率分别达到82%、74%，其中英国

83%、荷兰91%、美国82%、德国77%、加拿大81%，日本也达到92%。发达国家主要通过工业化与城镇化相互促进、市场主导与政府调控相结合以及城乡一体化发展等措施，积极推动城镇化建设。发达国家在发展初期往往忽视对环境的保护，造成了城镇环境恶化、先污染后治理的现象，此后，发达国家总结经验教训，调整经济发展模式，注重绿化与环境保护，实现了城镇开发与环境保护并行。

## 二、发展中国家工业化和城镇化快速发展

发展中国家工业化普遍属于后进型工业化，是在发达国家工业化进入高级阶段、工业技术走向成熟、国际经济一体化初步形成、世界贸易广泛开展的背景下逐步发展起来的。从20世纪80年代开始，发展中国家工业化逐步升级。主要表现为：一是由进口替代转向外向型的工业化方式。以巴西、智利为代表，通过国家刺激政策，引导投资方向并加大私人投资力度。以进口替代为基础，不断提高质量，增强国际竞争力，再转向外向型的工业化。这些国家普遍重视市场调节作用，减少国家对市场的直接干预，并实施放松贸易保护的政策。二是通过发展产品深加工推动工业化。如印度和中国，优先发展中间商品和成品加工，逐步摆脱对利润少、竞争力弱、出口困难的初级产品的依赖。同时充分发挥政府的重要作用，打造独立的工业体系。

三是实施出口导向型工业化。以东南亚国家为例，在经济开放程度大大提高、特色产业优势充分发挥的基础上，以出口导向为方式推进工业化发展。发展中国家工业化的崛起，为全球经济增长注入新动力，使全球工业发展的版图更加均衡。同时发展中国家有望抓住新一轮科技革命和产业变革的历史机遇，实现追赶甚至超越。

未来发展中国家城镇化发展空间较大。据联合国预测，从1950年到2030年，发达国家的城市人口将由4.46亿增加到10.5亿，增长1.35倍，而发展中国家的城市人口将由3.05亿增加到41.2亿，增长12.5倍，大大超过发达国家的城市人口，将在世界城镇化进程中占据主体地位。

## 三、世界工业化和城镇化将激发世界经济中长期增长潜力

从中长期看，随着世界工业化和城镇化的深入发展，将不断释放世界经济增长的巨大空间和潜力。从发达国家工业化趋势来看，一是新一轮科技革命和产业变革成果显现。在新兴科技全面赋能工业化的基础上，发达国家工业化新产业、新业态、新模式进一步显现，产业发展的科技含量进一步提高，以信息技术为主导的新产业群的兴起，使人工智能、大数据、量子信息、生物技术等技术成为世界经济发展的巨大推动力量。二是全球化

市场机制进一步加深。随着世界经济结构的调整与转换，要素的跨国流动程度和各国经济的相互依存程度日益加深，经济全球化正在深刻影响世界工业化发展。三是生态化发展成为新趋势。可持续发展观念日益深入人心，世界各国在总结传统工业化造成生态环境破坏，危及人类生存的教训基础上，提出了可持续发展原则，强调在生态环境保护和资源有效利用的基础上推进工业化转型。

与此同时，发达国家在原有基础上进一步挖掘城镇化新内涵，为经济增长开辟新空间。一是发展大都市连绵区建设。目前，美国已形成了东北部大西洋沿岸巨大城市带、中西部巨大城市带、太平洋沿岸巨大城市带，集聚了美国一半的人口。日本也形成了以东京都市圈、大阪都市圈和名古屋都市圈为主体的城市带地区。城镇之间的高密度基础设施网络连接，带动了城镇化建设需求。二是城市更新改造中推动绿色环保理念。可持续社区建设、绿色建筑与建筑节能、城市特色保护与发展等成为城镇化转型发展的强大支撑。三是加大城乡一体化建设力度。法国通过建设卫星城、鼓励工业分散、发展落后地区的办法，实现城乡均衡发展。日本实施了“村镇综合建设示范工程”，韩国实施了“新村运动”，以此加强农村道路、公共设施、生活环境等基础设施建设，确保农村享有城市同质的基础设施。

从发展中国家来看，工业化进程将在大踏步追赶发达国家的基础上结合自身特点，找准定位，走新型工业化道路。一是进一步推进信息化建设。充分利用全球信息化的最新技术成果带动工业化，推动信息化与工业化深度融合，利用后发优势，实现工业化的跨越式发展。二是实施可持续发展战略。吸取发达国家传统工业化的经验教训，推动可持续发展创新，建立资源节约、环保型的新型工业化体系。处理好工业化与人口、资源、环境之间的关系，增强工业发展的可持续能力。三是加大科技创新力度。抓住当代世界科技发展的新特点、新趋势，加强关键技术创新，为实现工业化的跨越式发展提供技术支撑。鼓励在关键技术和前沿核心技术领域进行创新，努力形成自主知识产权，促进创新成果产业化。四是加强人才培养，提高人才素质。积极推进教育建设，深化教育体制改革，提高劳动者素质，为新型工业化提供人力资源保障。

据联合国预测，2050年全球城镇化率有望达到68%，其中近90%的城镇化增长来自亚洲和非洲。随着发展中国家工业化进程不断提速，城镇化也将迎来高速发展阶段。同时发展中国家积极吸取发达国家历史教训，努力避免过度城镇化和城市人口的急剧增长所带来的城市环境问题、贫富两极分化问题以及其他的严重结构性问题。一是注重城镇建设的合理规划。既避免过度的大城市化，也避免过度的郊区化。加快建设公路网、铁路网、邮电通信、城乡供电、供水等基础设施，不断扩大内需、增加消费，促进第二、第三产业发展。二是促进城乡协调发展。抓住以工业化为依托的新一轮城镇化时机，发挥乡村特有优势，补齐农村基础设施和公共服务设施建设短板，避免要素资源过度集中在大城市。三是推动绿色可持续发展的城镇化。更加注重人与自然和谐发展，更加强调可持续发展，促进城镇化建设与绿色发展相结合，不断培育新经济增长点，持续释放经济增长潜力。

## 第五节

# 国际社会对绿色发展的重视程度空前提高，全球生态环境恶化趋势有望得到缓解

习近平总书记指出，纵观人类文明发展史，生态兴则文明兴，生态衰则文明衰[1]。保护生态环境是全球面临的共同挑战和共同责任。近年来，国际社会对绿色发展和生态文明建设的重视前所未有，尊重自然、顺应自然、保护自然的生态价值观正深入人心，环保思想逐渐成为社会生活中的主流文化，全球生态失调、环境污染、资源紧张、气候变化等问题有望得到缓解。

[1] 在2019年中国北京世界园艺博览会开幕式上的讲话（2019年4月28日），《人民日报》2019年4月29日。

## 一、全球在生态环境保护问题上逐步统一认识经历复杂过程

20世纪前，人类社会生产力水平整体较低，重工业和化学工业刚刚起步，生态环境问题并不突出。“二战”后，发达经济体重化工业率先快速发展，在创造巨大物质财富的同时也造成了温室气体和各种污染物的大量排放，打破了生态系统平衡，造成人与自然关系紧张，环境公害事件频发。20世纪40年代初至70年代的美国洛杉矶光化学烟雾事件导致该市大批市民患病，1952—1972年的日本水俣病事件使得上万人深受折磨。此后，发达国家对生态环保日益重视并采取了相应的政策举措。而大多数发展中国家由于工业化水平较低，温室气体和各种污染物排放量相对较少，整体上尚未将生态环境保护问题作为经济社会发展的重要问题。

冷战结束后，世界人口快速增长，全球经济快速发展，发达国家温室气体排放量仍处高位，广大发展中国家加快工业化和城镇化进程客观上也加大了全球生态环境承载压力，气候变化、环境污染、生态破坏逐渐成为世界性问题。全世界频发的淡水危机、土壤重金属污染、生物多样性锐减、气候变化等问题，进一步引发了各国对传统发展模式弊端的反思。

21世纪以来，国际社会更加重视生态、资源与环境问题，对

人类与自然关系、发展与保护关系的反思不断深入，逐步提出并实施可持续发展战略。1972年，联合国召开人类环境会议，全面审视环境问题的经济社会根源，通过《人类环境会议宣言》。1992年联合国环境与发展大会通过《里约环境与发展宣言》和《21世纪议程》两个纲领性文件，提出可持续发展战略；签订《联合国气候变化框架公约》和《生物多样性公约》。2015年联合国可持续发展峰会通过《2030年可持续发展议程》，标志着国际社会就发展愿景达成新的共识。

## 二、全球生态环境保护的治理体系基本建立

经过数十年发展，全球已基本形成涉及气候变化、污染防治、生物多样性保护等多个领域的生态环境保护治理体系，特别是以多边谈判为主导、主权国家为主体的全球气候治理机制。

回顾全球气候治理演变历程，主要经历了四个阶段。第一个阶段是1988—1994年，全球气候治理初步框架得以确立。1988年联合国政府间气候变化专门委员会（IPCC）成立，将气候变化问题列为影响自然生态环境、威胁人类生存基础的重大问题，正式意义上的国际气候谈判启动。1992年《联合国气候变化框架公约》通过，确立了“共同但有区别的责任”原则、公平原则和各自能力原则三大应对气候变化国际合作的基本原则，并于1994年正式生效。第二个阶段是1995—2005年，国际合作进程逐步推进。代表性事

件是1997年具有较强国际法律效力的《京都议定书》通过，2005年生效，是人类历史上首次以法规形式限制二氧化碳等温室气体排放，提出碳减排行动量化目标，建立了“排放交易”等重大制度。第三个阶段是2006—2013年，国际气候谈判深入推进。该阶段主要就《京都议定书》第二承诺期以及2020年后全球应对气候变化行动进行多轮磋商，为后续谈判奠定较好基础。第四个阶段是2014年至今，确立了2020年后全球应对气候变化制度的总体框架。2015年达成具有里程碑意义的《巴黎协定》，形成了以“国家自主贡献”为代表的自下而上的制度安排，为国际社会携手应对气候变化注入信心。

其他环境保护领域的全球治理机制也在逐步确立和完善之中。从治理机制看，以联合国为主导的全球环境治理机制和平台体系日益完善，联合国环境规划署、联合国可持续发展委员会和联合国政府间气候变化专门委员会等专设机构为推动各项环境治理措施落实落细作出巨大贡献。世界贸易组织也将环境保护问题纳入重点议题，建立了专门的贸易与环境委员会，对贸易措施和环境措施之间的关系进行规范。目前主要经济体共同签署的环保领域的各类公约、议定书已经涉及环境保护的各个方面。臭氧层保护方面，先后通过了《保护臭氧层维也纳公约》《蒙特利尔议定书》及其修正案等。生物多样性保护方面，先后通过了《国际捕鲸管制公约》《国际鸟类保护公约》《国际植物保护公约》《非洲植物卫生公约》《保护世界文化和自然遗产公约》《濒危野生动植物物种国际贸易公约》《生物多样性公约》等多边和区域性文件。海洋植被等环境保护方面，先后通过了《国际防止海上油污公约》《国际干预公海油污染事故公约》《联合国海洋法公约》《防治荒漠化公约》等文件。

我国作为负责任大国，一直积极履行已加入国际环境保护公约要求承担的各项义务，并制定切实可行的行动计划，已成为保护生态环境、推行绿色发展的典范。我国率先发布《中国落实2030年可持续发展议程国别方案》，实施《国家应对气候变化规划（2014—2020年）》，向联合国交存《巴黎协定》批准文书。我国消耗臭氧层物质的淘汰量占发展中国家总量的50%以上，成为对全球臭氧层保护贡献最大的国家。2017年，习近平主席在首届“一带一路”国际合作高峰论坛倡议建立“一带一路”绿色发展国际联盟。2019年4月，在联合国环境规划署等国际机构、有关国家环境主管部门，以及有关非政府组织、智库和企业的共同参与下，“一带一路”绿色发展国际联盟正式成立，为“一带一路”绿色发展合作打造了政策对话和沟通平台、环境知识和信息平台、绿色技术与转让平台。

## 三、绿色发展在全球生态环境保护中的地位将日益突出

绿色是大自然的底色，绿色发展是高质量发展的基本内涵，也是解决突出环境问题的根本之策。全球环境治理的历史征程印证了

形成绿色发展方式和生活方式的重要性、紧迫性、艰巨性，追求绿色发展应是也必将是国际社会共同努力的方向。

### （一）全球生态环境压力加大倒逼各国积极推动绿色发展

当前，人和自然的矛盾依然比较尖锐，土地沙化、湿地退化、水土流失、河流干涸等严重生态问题层出不穷。各国仍面临环境污染、气候变化、生物多样性减少等严峻挑战，粗放型生产方式和高消耗增长模式导致大气和水资源遭受严重污染，带来雾霾、酸雨、温室效应和臭氧层破坏等环境问题，飓风、海啸等极端天气事件更为频繁。为此，世界各国以及联合国等国际组织均将绿色发展理念作为经济发展的重中之重。联合国环境规划署《全球环境展望》报告指出，地球已受到极其严重的破坏，如果不采取紧急且更大力度的行动来保护环境，地球的生态系统和人类的可持续发展事业将日益受到更严重的威胁。反之，如果各国能将GDP的2%用于绿色投资，不仅能实现经济增长的长期目标，还能确保不会对气候变化、水资源短缺和生态系统丧失带来更大的影响。

### （二）追求绿色发展已越来越成为国际共识

当前，各国对以提高资源利用效率、减少污染排放、保护修复生态系统、维护生物多样性等为主要内容的绿色发展高度认同，经济社会发展战略更加注重绿色发展。各国民众环境保护意识逐步提升，更加接受并自发倡导绿色生活方式和消费方式，国际社会对绿色发展的呼吁更加强烈。二十国集团将节约资源和保护环境作为重要议题。联合国《2030年可持续发展议程》明确提出绿色发展与生态环保的具体目标，为未来十几年世界各国可持续发展和国际发展合作指引方向。联合国环境规划署专门发布《绿水青山就是金山银山：中国生态文明战略与行动》报告，在充分肯定我国生态文明建设成效的同时，向全球大力倡导绿色、低碳、循环的生产生活方式。面对新冠肺炎疫情冲击，联合国、欧盟等纷纷呼吁"绿色复苏"，法国、德国、意大利、西班牙等18国环境部长发表公开信，希望《欧洲绿色协议》在欧盟疫后复苏计划中发挥核心作用。

### （三）新技术革命和产业变革为绿色发展创造条件

当前，以绿色经济、低碳技术为代表的新一轮科技革命和产业变革方兴未艾，新技术、新产业、新业态、新模式层出不穷，知识、技术、信息、数据等要素的支撑作用日益显现，数字化、网络化、智能化协同发力，推动传统产业绿色化升级，进一步提高发展质量和效率。绿色金融、绿色信贷政策的出台，碳排放权分配制度的建立倒逼绿色创新。各国注重培育环保装备、环保技术与环保服务业，推动环保产业成为世界经济的新兴增长点。我国作为最大的发展中国家，坚持将生态文明建设纳入"五位一体"总体布局，着力研发和应用各种绿色环保技术，推进绿色发展、循环发展、低碳发展，大力发展生态环保产业，为世界各国发展绿色经济树立了良好的示范。

当今世界，无论是发达国家还是发展中国家，绿色发展正逐渐成为新的潮流，全球正进入生态文明建设的历史新时期。

## 第六节

# 全球人口结构复杂演化，社会信息化和文化多样性深入发展

当前，全球人口结构正在经历深刻复杂演化，发达国家人口比重持续下降，发展中国家人口比重显著上升，全球范围内老龄化问题日趋严重。在新一轮科技革命和产业变革的推动下，社会信息化进程加速推进，给人类生产生活方式带来革命性影响。世界范围内文化交流融合和多元发展态势进一步确立，文化交流互鉴成为推动人类文明进步和世界和平发展的重要动力。

## 一、全球人口老龄化同发展中国家人口年轻化并存

人口虽是慢变量，却是决定经济、政治、社会和文化的最重要

趋势性因素之一。近代以来，随着科技进步和生产力水平的不断提高，全球人口增长态势与结构特征正悄然改变。

从人口总量及增速看，全球人口总量不断突破新高，但增速明显放缓。2019年联合国《世界人口展望》预测，至2030年，全球人口总量将增至85亿，2050年将达到97亿（见表2–2）。虽然未来全球人口仍将不断增加，但增速会逐步放缓。从国别结构看，发展中国家的人口比重显著上升。1950年发展中国家人口总量为17.2亿，占全球人口的70%；2015年增长至61.3亿，占全球人口的85%。不仅如此，发展中国家还将贡献大部分全球新增人口。据《世界人口展望》预测，2019—2050年，撒哈拉以南非洲国家新增人口可能占世界人口增量的一半以上。从人口流动情况看，在2016年达到高峰的国际难民和移民潮趋于平稳，2018年和2019年全球被迫迁徙人口增速放缓，抵达欧洲地区的难民和移民数量总体下降。

从人口年龄结构及国别分布看，全球人口老龄化与发展中国家人口年轻化并存态势进一步凸显。当前，全球人口老龄化趋势已成为不容忽视的社会问题。联合国数据显示，1950—2015年，全球65岁以上人口占比从5.1%升至8.3%；发达国家老龄化趋势更为明显，同期该比重从7.7%升至17.6%。据《世界人口展望》测算，2019—2050年，全球80岁以上人口数量将从1.43亿增至4.26亿。在人口年龄结构上，发达国家与发展中国家有不同的趋势性表现。一方面，美国、欧洲、日本等发达国家和地区人口老龄化问题日趋严重。美国人口普查局报告显示，预计到2060年，美国人口年龄中位数将从现在的38岁提高至43岁；联合国预测，到2050年，欧洲和北美的国家中每四个人就有一个年龄在65岁以上，日本65岁以上人口将达到37.7%。另一方面，印度、非洲等发展中国家和地区人口呈年轻化发展态势。目前，非洲地区拥有大量年轻人口，人口出生率较高，人口年轻化态势将长期持续。据联合国预测，未来20年，非洲10～24岁的人口占比将超过30%。印度13亿人口中，青壮年人口总数约8亿，35岁以下适龄劳动力约占65%，人口年轻化特征明显。

表2–2 世界及部分地区人口总量及走势预测 单位：亿人

| 地区 | 2019年 | 2030年 | 2050年 | 2100年 |
|---|---|---|---|---|
| 世界 | 77.13 | 85.48 | 97.35 | 108.75 |
| 撒哈拉以南非洲 | 10.66 | 14 | 21.18 | 37.75 |
| 北非和西亚 | 5.17 | 6.09 | 7.54 | 9.24 |
| 中亚和南亚 | 19.91 | 22.27 | 24.96 | 23.34 |
| 拉丁美洲和加勒比地区 | 6.48 | 7.06 | 7.62 | 6.8 |
| 澳大利亚和新西兰 | 0.3 | 0.33 | 0.38 | 4.98 |
| 大洋洲 | 0.12 | 0.15 | 0.19 | 0.26 |
| 欧洲和北美 | 11.14 | 11.32 | 11.36 | 11.2 |

数据来源：联合国经济和社会事务部人口司《世界人口展望2019年》。其中，大洋洲数据不包括澳大利亚和新西兰。

## 二、社会信息化给人类生产生活方式带来深刻影响

20世纪80年代以来，随着以信息技术为代表的新一轮科技革

命和产业变革蓬勃兴起，数字化、网络化、智能化浪潮如火如荼，社会信息化程度显著提升。当前，数字经济蓬勃发展，深刻改变着人类生产生活方式，对各国经济社会发展、全球治理体系、人类文明进程影响深远。

从生产方式看，当前社会信息化带来了产业技术革命性变化和商业模式突破性创新，推动产业范式变迁和企业组织形态重构，带动生产方式智能化、产业形态数字化、产业组织平台化。依靠人工智能设计制造方案、优化生产工序将成为大多数制造业的主要生产方式，推动制造业生产效率大幅度提升；来自全球的中小微企业将依靠高速互联网共同构建扁平化、分散化的合作网络；跨境电子商务、平台经济等数字经济新业态将成为拉动全球经济增长的重要引擎。

从生活方式看，在“衣”方面，网络购物、电子商务以及虚拟现实技术使人们能够以互联网为载体直接体验购物过程，“个性化定制”迅猛发展，智能穿戴设备等新产品不断出现。在“食”方面，产业链条的信息化大大革新了农作物种植、收获、物流、消费全过程，依靠科技保墒、施肥、除虫等有力地促进了农业增产增收，远距离“认养农业”让人们有机会体验和监督农作物从农田到餐桌全流程。在“住”方面，智能建筑不断推广，物联网、大数据、人工智能等将居住、安防、节能、娱乐、家电管理熔于一炉，服务型机器人深入家庭生活，人们的生活品质极大改善。在“行”方面，智慧城市、智能交通加快发展，网约车、共享单车、共享汽车、自动驾驶汽车等纷纷投入使用，城市治理智慧化、人性化、精细化水平不断提高。

此外，社会信息化与经济全球化相互交织、相互促进日益成为全球发展的新潮流。进入21世纪以来，信息技术迅猛发展，信息获取、处理、存储和传输能力持续跃升，信息技术与生物、空间、纳米等技术深度融合。技术创新不断催生新理念、新应用和新产业，深刻影响世界经济发展模式，推动生产力实现新的飞跃，推动世界经济联系更加紧密，为社会信息化的高速发展提供更加广阔的空间。放眼未来，社会信息化与经济全球化将以更加紧密配合、相互促进的方式向前推进，将对人类社会的生产、分配、交换、消费方式产生重要影响。

## 三、人类文化百川竞流、融合发展

每种文明都有其独特魅力和深厚底蕴，都是人类的精神瑰宝。从历史看，15世纪前后，西方世界走出“黑暗的中世纪”，建立起近代民族国家，开启了现代化进程，近代文明进入辉煌发展阶段。从文艺复兴、地理大发现、启蒙运动，到城市复兴、商业繁荣、工业革命，带动了西方国家生产力的高速发展和生产关系的深刻变革，带动了西方社会从经济基础到上层建筑、从政治思想到文学艺术的全方面发展。自此，西方文化向世界其他地区的传播成为文化交流领域的主要特征。

20世纪以来，随着资本主义世界体系逐步形成，西方文化进一步传播，不同文化间的交流更趋密切。非西方国家加速从科学技术和思想文化层面学习借鉴西方的经验。20世纪90年代以来，尤其进入21世纪后，不同文化间相互交流、融合发展的态势更趋明显。随着政治多极化、经济全球化和社会信息化的深入推进，许多国家在现代化方面取得重要成就，其中最引人注目的是一批文明大国现代化进程加速推进。随着以我国为代表的新兴经济体综合国力不断提升，各类文化更加平等地交流、碰撞、融合的态势日益明显，世界文化正在形成“百花齐放、百川竞流”格局。例如，好莱坞动画片《花木兰》是文化交流融合的经典案例。该动画片取材自中国民间传说，讲述花木兰代父从军、征战沙场、最终凯旋的故事，融合了东方文化背景和西方价值观念，展现出东西文化交流汇聚的独特魅力。

文化多样性是世界的基本特征，也是人类进步的源泉。世界上有200多个国家和地区、2 500多个民族，不同的历史和国情，不同的民族和习俗，孕育了不同的文化，使世界更加丰富多彩。文化差异是人类文明发展进步的不竭动力。中华文化经历了5 000多年的历史变迁，始终一脉相承，积淀着中华民族最深层的精神追求，代表着中华民族独特的精神标识。随着我国综合国力的不断提升，吸收了现代文明瑰宝的中华优秀文化正日益彰显活力，将继续为推动构建人类命运共同体作出积极贡献。放眼未来，全球多元文化百花齐放、千帆竞发、交汇融合是大势所趋，在各种文明的相互交融和共同发展下，世界文化大家庭正以多样共存超越文化优越，以和谐共生代替文化碰撞，以交融共享跨越文化隔阂，以繁荣共进消除文化固化，谱写着“各美其美、美美与共”的华美乐章，人类文明百花园将在文化交融的助力下迎来更加包容开放和繁荣的盛况。

## 第七节

# 以多边主义为特征的全球治理体系仍是维护世界稳定的基石，构建人类命运共同体的共识不断增强

“二战”后，国际社会形成以联合国为核心、以《联合国宪章》为宗旨和原则的全球治理体系，并仍在发挥有效作用。21世纪以来，全球治理的领域不断丰富、机制日益多元，新兴市场国家和发展中国家的话语权不断提升。在当前经济全球化和世界多极化深入发展、全球性挑战不断增多的背景下，世界比以往任何时候都更需要多边主义。中国正以更加积极的姿态参与全球公共产品的供给，共建“一带一路”倡议正是中国推动构建人类命运共同体的实践平台。

## 一、“二战”后形成的以联合国为核心、以《联合国宪章》为宗旨和原则的全球治理体系仍在发挥有效作用

随着布雷顿森林体系建立和《关税与贸易总协定》签署，全球经济治理的基本架构得以确立。在全球生产力发展和国际力量对比变化的共同推动下，国际政治经济格局不断发生从量变到质变的深刻调整，全球治理体系也相应经历了跌宕起伏的变迁历程。

现有的全球经济治理体系主要呈现以下特征：一是治理涵盖领域广泛，议题多样重要。世界贸易组织是国际贸易领域唯一的多边机构，国际货币基金组织和世界银行分别是国际货币金融领域和国际发展减贫的主要支柱，分别从贸易、货币和金融体系、发展减贫等方面协调国际经济规则，构成全球经济治理体系的主要部分。二是治理体系成员众多。目前，世界贸易组织、国际货币基金组织和世界银行分别有164个、189个和189个成员，包括世界上绝大多数国家。三是拥有专家资源优势。经过七十多年运行，相关国际机构在各自专业领域积累了丰富的知识、经验和案例，能够对国际贸易、国际货币金融运行和国际发展减贫等提供有效的监测与指导，为相关领域规则构建与能力建设提供专业意见和建议。四是治理机构实体化优势。这三大机构都建立了一套有约束力的国际经济规则体系（见表2–3），且都有专家团队负责规则的制定和实施，为全

球经济治理提供坚实的国际法基础。

表2–3　世界贸易组织规则体系

| | | |
|---|---|---|
| 附件1 | 1A：货物贸易多边协定 | 1994年关税与贸易总协定 |
| | | 农业协定 |
| | | 实施卫生与植物卫生措施协定 |
| | | 纺织品与服装协定（已废止） |
| | | 技术性贸易壁垒协定 |
| | | 与贸易有关的投资措施协定 |
| | | 关于实施1994年关税与贸易总协定第6条的协定（反倾销协议） |
| | | 关于实施1994年关税与贸易总协定第7条的协定（海关估价协议） |
| | | 装运前检验协定 |
| | | 原产地规则协定 |
| | | 进口许可程序协定 |
| | | 补贴与反补贴措施协定 |
| | | 保障措施协定 |
| | | 贸易便利化协定 |
| | 1B：服务贸易总协定 | |
| | 1C：与贸易有关的知识产权协定 | |
| 附件2 | 关于争端解决规则与程序的谅解 | |
| 附件3 | 贸易政策审议机制 | |
| 附件4 | 诸边贸易协定 | 民用航空器贸易协定 |
| | | 政府采购协定 |
| | | 国际奶制品协定（于1997年底废止） |
| | | 国际牛肉协定（于1997年底废止） |
| 其他已达成的诸边贸易协定 | | 信息技术产品协定 |
| 正在谈判的诸边贸易协定 | | 环境产品协定 |
| | | 国际服务贸易协定（TISA） |

资料来源：世界贸易组织（WTO）。

进入21世纪，随着全球生产力的发展和国际力量对比的变化，国际政治经济格局经历深刻调整，一是新兴市场国家和发展中国家群体性崛起，积极争取与其经济地位相匹配的全球治理话语权；二是多边贸易规则正经历深刻变革，“边境后”规则制定成为谈判交锋的重点；三是非传统安全问题日益凸显，相关领域的合作机制、规则和网络亟须加快构建与完善；四是跨国公司、非政府组织等非国家行为体参与全球事务增多，多利益相关方携手应对日益增多的全球性挑战已成必然趋势。

全球治理体系总体呈现治理主体日益广泛、治理领域日益丰富、治理机制日益多元和治理规则日益复杂的特征。现有调整主要是在“二战”后形成的架构框架下的渐进演变，以联合国为核心、以《联合国宪章》为宗旨和原则的全球治理体系，和以世界贸易组织、国际货币基金组织和世界银行为主渠道的全球经济治理体系仍在发挥有效作用。

## 二、新兴市场国家和发展中国家在全球治理体系中的话语权逐步提升

“二战”后一大批殖民地国家实现民族独立，伴随经济全球化进程，这些国家逐步参与全球分工体系，通过工业化实现了经济跨越式发展。进入21世纪以来，一大批新兴经济体和发展中国家群体性崛起，在国际事务中的话语权和影响力显著增强，在全球治理

中发挥的作用不断上升，正在深刻改变着世界经济格局，“东升西降”已经成为不可阻挡的历史潮流。

随着经济实力的增强，新兴市场国家和发展中国家在全球治理中的话语权和影响力不断提升。通过二十国集团、金砖国家等治理平台，以及国际货币基金组织、世界银行份额和投票权改革等途径，新兴市场国家和发展中国家积极参与全球经济治理，推动治理体系改革，打破了数百年来由西方少数国家垄断国际事务的局面，深刻地改变着全球治理体系，成为牵动国际关系和国际格局调整的重要因素。

### （一）新兴市场国家和发展中国家在全球治理机制中享有的投票权和份额不断上升

以国际货币基金组织投票权为例，2000年，前十大新兴市场国家[1]在国际货币基金组织的投票权为16.95%，2020年上升至22.26%。根据世界银行统计数据，2000年，前十大新兴市场国家占世界经济的比重为27.37%，这与其在国际货币基金组织份额占比15.3%、投票权占比16.95%并不相称。2008年国际金融危机之后，在中国等发展中国家的推动下，国际货币基金组织、世界银行等开始提升发展中国家的投票权。2011年3月《国际货币基金组织协定》第六次修正案生效，54个份额低估的成员国增持份额，增

[1] 根据新兴市场国家对世界经济的贡献（按购买力平价计算），2000年前十大新兴市场国家包括：中国、印度、俄罗斯、巴西、墨西哥、印度尼西亚、沙特阿拉伯、土耳其、伊朗、泰国。

加最多的是中国、韩国、印度、巴西和墨西哥；2016年1月《国际货币基金组织协定》第七次修正案生效，约6%的份额向有活力的新兴市场国家和发展中国家转移，特别提款权货币储备规模由原来的2 385亿美元翻番至4 770亿美元。

表2–4 2000年前十大新兴市场国家占IMF份额、投票权和GDP及占比

| | 2000年前十大新兴市场国家 | 2000年GDP（以购买力平价计，单位：十亿美元） | 占世界GDP的比重/% | IMF份额/百万特别提款权 | IMF份额比重/% | IMF投票权 | IMF投票权比重/% |
|---|---|---|---|---|---|---|---|
| 1 | 中国 | 3 681.025 | 7.33 | 4 687.2 | 2.23 | 47 122 | 2.2 |
| 2 | 印度 | 2 086.097 | 4.15 | 4 158.2 | 1.98 | 41 832 | 1.95 |
| 3 | 俄罗斯 | 1 638.197 | 3.26 | 5 945.4 | 2.83 | 59 704 | 2.79 |
| 4 | 巴西 | 1 586.023 | 3.16 | 3 036.1 | 1.44 | 30 611 | 1.43 |
| 5 | 墨西哥 | 1 269.42 | 2.52 | 2 585.8 | 1.23 | 26 108 | 1.22 |
| 6 | 印度尼西亚 | 962.256 | 1.92 | 2 079.3 | 0.99 | 21 043 | 0.98 |
| 7 | 沙特阿拉伯 | 711.678 | 1.41 | 6 985.5 | 3.32 | 70 105 | 3.27 |
| 8 | 土耳其 | 682.914 | 1.36 | 964 | 0.46 | 9 890 | 0.46 |
| 9 | 伊朗 | 669.326 | 1.33 | 1 497.2 | 0.71 | 15 222 | 0.71 |
| 10 | 泰国 | 460.362 | 0.92 | 1 081.9 | 0.51 | 11 069 | 0.52 |
| | 合计 | 13 747.298 | 27.37 | 33 020.6 | 15.7 | 332 706 | 15.53 |

资料来源：根据国际货币基金组织相关资料整理。

### （二）新兴市场国家和发展中国家参与的全球和区域性治理新机制不断增加

最突出的表现是二十国集团成为国际经济合作的主要平台。

二十国集团中，除传统的七国集团和欧盟、澳大利亚外，其他11国是新兴经济体，其构成兼顾了发达国家和发展中国家以及不同地域利益平衡。二十国集团既有领导人峰会进行战略引领，又有协调人会议、财长和央行行长会议以及贸易、劳工就业、农业、能源、数字经济、卫生等专业部长会议进行政策协调。除二十国集团外，亚太经济合作组织、金砖国家、上海合作组织、东盟与中日韩（10+3）等治理新机制，在协调立场、促进合作、制定规则方面发挥了建设性的作用，成为促进世界经济增长、完善全球治理、促进国际关系民主化的建设性力量。这些新兴治理机制坚持公正合理、互商互谅、同舟共济、互利共赢的原则，与现行全球治理机制形成互补与合作的关系，为全球破解“治理赤字、信任赤字、和平赤字、发展赤字”作出了积极贡献。

### （三）新兴经济体和发展中国家主导成立的国际组织日益成为全球公共产品的提供者

以金砖国家新开发银行和亚洲基础设施投资银行为代表的国际组织为带动发展中国家，特别是欠发达国家的基础设施投融资提供了更丰富的渠道。2014年金砖国家领导人福塔莱萨会晤宣布成立金砖国家新开发银行，决定设立应急储备安排，为金砖国家以及其他新兴市场国家和发展中国家的基础设施建设、可持续发展项目筹措资金，补充和强化由国际货币基金组织、区域金融安排、中央银行间双边货币互换协议，及各国自有的国际储备构成的全球金融安全网。亚洲基础设施投资银行是首个由中国倡议设立的多边金融机构，旨在促进亚洲区域的互联互通和经济一体化的进程，并且加强中国及其他亚洲国家和地区的发展合作，目前已经有来自六大洲的100多个成员国。与其他多边机制相比，亚洲基础设施投资银行在运行机制上进行了较大的创新，特别是在决策机制上，充分考虑到其成员国以发展中国家为主，但也包括英国、法国等发达国家的特点，针对不同议题设立了简单多数、特别多数、超级多数等多种决策机制，既有效维护了发展中国家的主导地位，也兼顾了发达国家的利益诉求。

当前全球经济治理体制改革重在补充和完善现行体系中不适应新形势新要求的方面，并不是要推倒重来，另起炉灶，而是要推动全球治理体系朝着更加公正合理的方向发展，使其更好地反映当前世界经济的发展现实，更加充分合理地反映新兴经济体和发展中国家的利益诉求。

## 三、共建“一带一路”倡议成为推动构建人类命运共同体的中国方案

党的十九大报告指出，构建人类命运共同体，建设持久和平、普遍安全、共同繁荣、开放包容、清洁美丽的世界。构建人类命运共同体思想体现了中国将自身发展同世界发展相统一的全球视野、世界胸怀和大国担当，是共建“一带一路”倡议的初衷和最

高目标。共建“一带一路”正成为中国参与全球开放合作、改善全球经济治理体系、促进全球共同发展繁荣、推动构建人类命运共同体的中国方案。

### （一）共建“一带一路”倡议是推动构建人类命运共同体的实践平台

推动构建人类命运共同体蕴含5 000年中华民族文明史与中华文化天下观的血脉基因，是共建“一带一路”倡议的初衷和最高目标。2008年国际金融危机以来，发达国家主导的传统全球化分配效应严重失衡、全球治理体系公平性缺失等弊端逐渐凸显，难以带动全球经济走向复苏。而共建“一带一路”倡议通过推动更大范围、更高水平、更深层次的大开放、大交流、大融合，走出一条互尊互信之路、一条合作共赢之路、一条文明互鉴之路。从理念看，共建“一带一路”倡议弘扬合作共赢、开放包容的丝路精神，秉持亲诚惠容理念，倡导不限国别范围，不搞封闭排外机制，不以改变他国政治制度为目的，致力于合作共赢、共同发展，让各国人民更好共享发展成果，为推动经济全球化朝着更加开放、包容、普惠、平衡、共赢的方向发展注入了强劲动力。从具体实践看，共建“一带一路”倡议强调在基础设施互联互通的基础上，通过深化各领域务实合作，在开放中融合，在融合中发展，推动各合作方上、中、下游全产业链深度合作，形成优势互补的产业网络和经济体系。

### （二）共建“一带一路”倡议有力推动全球治理体系变革

首先，共建“一带一路”倡议以共商、共建、共享为原则，充分尊重各方对全球经济治理的不同诉求，强调“大家的事大家商量着办”，不预设具体的规则框架，为不同文明、不同发展阶段的相关国家共同建设公正、合理、有效的全球治理体系奠定了良好的基础。其次，共建“一带一路”倡议致力于共同打造公正、合理、有效的全球治理新架构，强调发挥现有合作机制和平台作用，通过发展战略对接、共同设计重大项目等方式开展合作，不另起炉灶或另搞一套新机制，而是发挥补充和强化的作用。再次，共建“一带一路”倡议在全球性公共产品供应不足的情况下，通过共建亚洲基础设施投资银行、金砖国家新开发银行以及发展跨国开发性金融等方式，有效地完善了跨境基础设施建设项目的融资机制，并对基础设施建设如何在为发展中国家营造更多发展机遇和空间的同时，确保商业和财政上的可持续性进行了深入探索，为全球融资规则的完善作出了贡献。最后，共建“一带一路”倡议以“五通”为主要内容和有力抓手，推动相关国家在关税减让、贸易便利化、投资自由化等领域加强合作，不断扩大利益契合点和交汇点，为构建商品和要素高效自由流动的全球经贸规则体系作出了贡献。

### （三）共建“一带一路”倡议得到了世界各国的认可和积极响应

七年来，以政策沟通、设施联通、贸易畅通、资金融通和民心相通为主要内容，遵循共商共建共享原则，“一带一路”建设扎实推进，从理念转化为行动，从愿景转化为现实，从倡议转化为全球广受欢迎的公共产品。“一带一路”国际合作高峰论坛成功举办，成为世界各国共商合作的重要平台；亚洲基础设施投资银行已从最初57个创始成员，发展到遍布各大洲的100多个成员；“一带一路”税收征管合作机制、智库合作联盟、绿色发展国际联盟、新闻合作联盟等专业领域多边对话合作平台相继成立，为实现双赢、多赢、共赢注入新动能。从联合国决议首次写入构建人类命运共同体理念，到国际社会评价“习近平主席为创建和维持一个更美好、更和平的世界勾画了蓝图”，人类命运共同体理念更加深入人心。特别是在当前新冠肺炎疫情全球大流行、世界经济复苏前景不明的大背景下，“一带一路”建设为全球经济复苏和区域经济合作注入了“战疫”新力量。共建“一带一路”国家守望相助、共克时艰，以行动替代犹豫、以共识消除偏见，成为团结抗疫的新典范；共建“一带一路”国家坚持互联互通，中欧班列成为稳定全球产业链供应链的重要力量；“一带一路”许多重大项目在疫情期间克服各种困难仍然加以推进，将给相关国家经济复苏注入强大信心和不竭动力。

构建人类命运共同体，非一夕之功能成，亦非一己之力能至，需要付出长期艰苦的努力。“其作始也简，其将毕也必巨”。推动构建人类命运共同体，携手建设更加美好的世界，是世界各国人民的美好愿望。只要坚定信心、携手共进，共建“一带一路”就一定能更好造福各国人民，构建人类命运共同体的目标就一定能够实现。

# 第三章

# 大变局下世界发展的不稳定性和不确定性

习近平总书记指出，当今世界正面临百年未有之大变局，和平与发展仍然是时代主题，同时不稳定性不确定性更加突出，人类面临许多共同挑战。要坚持公正合理，破解治理赤字；坚持互商互谅，破解信任赤字；坚持同舟共济，破解和平赤字；坚持互利共赢，破解发展赤字[1]。这为我们科学分析把握百年未有之大变局下各种理念、主体、要素、资源的碰撞和组合态势，有效化解世界发展面临的不稳定性和不确定性，提供了重要遵循。

[1] 在中法全球治理论坛闭幕式上的讲话（2019年3月26日），《人民日报》2019年3月27日。

## 第一节

# 全球发展赤字日趋凸显，世界经济实现平衡可持续增长依然任重道远

冷战结束以来，经济全球化有效促成了贸易大繁荣、投资大便利、人员大流动、技术大扩散。然而，经济全球化是一把“双刃剑”。当世界经济处于下行期，全球经济“蛋糕”不容易做大，甚至变小了，全球分配不均矛盾加剧，增长和分配、资本和劳动、效率和公平的矛盾会更加突出。当前形势下，世界经济增长需要新动力，发展需要更加普惠平衡，贫富差距、南北差距鸿沟有待进一步弥合，减贫目标仍然任重道远，收入分配不平等、发展水平不平衡等已成为全球发展面临的突出问题。

## 一、全球发展失衡问题突出

### （一）部分发展中国家与发达国家发展差距持续扩大

虽然绝大多数经济体在“二战”以来的经济全球化进程中均是受益者，但发达国家在经济全球化中处于主动和强势地位，其获益要远大于大多数发展中国家。相当一部分发展中国家通过参与全球化摆脱了贫困，但难以摆脱在国际分工中的中低端地位，部分发展中国家经济发展高度依赖国际市场，金融体系也完全暴露在国际游资冲击的风险之下，难以实现长时期的稳定增长。据国际货币基金组织统计，1980—2019年间，美国、英国、法国的人均GDP（名义值）分别增长了4.19、2.82和2.2倍，但多哥、马拉维、塞拉利昂、莫桑比克仅分别增长了0.24、0.13、0.11和0.07倍，尼日尔、加纳、委内瑞拉等发展中国家甚至呈现显著负增长，全球发展失衡仍然十分严重。从目前趋势看，相当一部分发展中国家难以摆脱经济发展的内外环境约束，与发达国家的差距还将继续扩大，实现世界银行发布的到2030年全球绝对贫困人口（日均收入低于1.25美元）降至全球人口3%以内的目标仍然任重道远。由于发展差距持续扩大，相当一部分发展中国家的优质生产要素未能充分融入全球生产网络，其国内需求潜力也远未得到释放，严重影响全球经济增长。

### （二）国际社会未能充分回应发展中国家的发展诉求

广大发展中国家在政府效率、营商环境、产业基础、劳动力素质等方面面临较强制约，迫切要求国际社会提供充足的支持以弥补其发展赤字。发展中国家优化要素禀赋、改善基础设施状况迫切需要大量的外部资金支持，特别是发展型和援助型资金支持。据亚洲开发银行测算，仅亚洲地区在基础设施一项的资金缺口就高达7 000亿～8 000亿美元。然而，虽然发达国家主导设立了世界银行、亚洲开发银行等诸多国际开发性多边金融机构，也成立了以经济合作与发展组织下属的发展援助委员会为代表的发展援助机制，但所提供的资金仍然远远不能满足需求。世界银行作为全球最大的多边金融机构，一年也只能够提供600亿～700亿美元的资金支持，亚洲开发银行等目前每年提供的支持金额仅在100亿美元以下。而发达国家所提供的官方发展援助规模也十分有限。据经济合作与发展组织发展援助委员会统计，2019年经济合作与发展组织各成员国所提供的官方发展援助总额仅为1 527.8亿美元，仅占各成员国国民总收入（GNI）的0.3%，其中美国所提供的官方发展援助仅为346.2亿美元，仅占美国GNI的0.16%。早在21世纪初，经济合作与发展组织发展援助委员会就认识到发展援助有效性不足的问题，并于2002—2011年先后召开了四次关于提升援助有效性的高层论坛，但未能大幅度提升发展援助有效性。世界银行独立评估局对2008—

2014年国际复兴开发银行所支持的814个项目进行的评估表明，世行产业政策在推动客户国家特定行业的出口上有显著效果，但在提高行业生产率、提高产品在价值链中的位置方面效果非常有限，在创造就业方面则几乎没有效果。从目前看，世界银行、亚洲开发银行、经济合作与发展组织发展援助委员会等传统发展治理机制在短期内大幅度增加资金投入或实施根本性改革的难度很大，支持发展中国家发展的全球公共资源仍将处于严重的供需失衡状态。

### （三）发展中国家的发展空间受到不合理约束

在当前相互依存的国际条件下，解决各国发展的不平衡以及全球化红利分配的失衡问题，需要国际社会共同努力。当前，相当一部分发展中国家自身的发展诉求并未得到充分满足，迫切需要新一轮全球化打造富有活力的增长模式、开放共赢的合作模式、平衡普惠的发展模式，从而共享经济全球化发展成果。而发达国家仍然坚持要求维持其作为经济全球化主要受益者地位，客观上影响了全球化的深入发展。在多哈回合谈判中，发达国家反对承担更大力度削减农业补贴和关税的责任，导致各方无法就农产品议题达成一致。在跨境知识产权保护中，发达国家往往要求发展中国家在医药数据、版权、地理标志等领域采取相同的知识产权保护标准，甚至尽可能缩小发展中国家出于公共目标的强制许可范围，而发展中国家普遍要求应立足自身发展阶段实施合理的知识产权保护政策，反对过度保护。在关税领域，发展中国家普遍认为发达国家应采取更高水平的关税减免，而发达国家则强调“公平贸易”“对等贸易”等原则，要求大多数发展中国家实施和发达国家相同的关税政策。由于发达国家在全球经济治理中处于主导地位，现行国际经贸规则体系虽然对发展中国家提供了一些优惠待遇，但在实际运作中仍然相对有利于发达国家，发展中国家和发达国家围绕利益分配、规则制定等方面的博弈仍将持续。

### （四）发达国家内部贫富差距扩大拖累经济增长

据世界银行的估算，冷战结束三十年来，绝大多数发达国家的基尼系数均呈现上升趋势（见表3-1），其中美国从1991年的38.2%上升至2016年的41.4%。桥水基金相关研究报告称，自1980年以来，美国实际家庭收入的中位数虽然基本持平，但前40%人群的家庭平均收入是后60%人群家庭平均收入的4倍，而后60%人群中有2/3的家庭甚至没有退休金账户。当前，美国等发达国家低收入群体占比上升，而中等收入群体占比下降，将导致需求规模增长放缓，经济结构相对失衡。从供给侧看，通过教育投入提升人力资本水平是发达国家优化要素禀赋、提升供给质量的重要渠道，而贫富差距的持续扩大将导致经济实力较弱的社会阶层难以获得较好的教育机会，导致全社会人力资本提升幅度放缓，从而延缓供给结构升级进程。经济合作与发展

表3–1　冷战结束以来部分发达国家基尼系数变化情况　　单位：%

| 国家 | 冷战结束时基尼系数 | 近期基尼系数 |
|---|---|---|
| 澳大利亚 | 33.2（1989年） | 34.4（2014年） |
| 加拿大 | 31（1991年） | 33.8（2013年） |
| 德国 | 29.2（1991年） | 31.9（2016年） |
| 法国 | 32.2（1989年） | 31.6（2017年） |
| 意大利 | 31.5（1991年） | 35.9（2017年） |
| 西班牙 | 32（1990年） | 34.7（2017年） |
| 美国 | 38.2（1991年） | 41.4（2016年） |
| 英国 | 35.9（1991年） | 34.8（2016年） |

数据来源：世界银行。

组织相关研究表明，1990—2010年间，由于贫富差距扩大，德国经济增速较潜在水平下降了6%，新西兰甚至下降了10%。受贫富差距扩大影响，发达国家中下阶层的实际福利呈现下降趋势，对社会的不满情绪持续攀升，甚至爆发了“占领华尔街”和“黄马甲”等大规模的游行示威。贫富差距扩大客观上也导致不同国家民众之间的隔阂增加。部分发达国家民众受政客误导，错误地将其国内深层次结构性问题所导致的传统制造业衰退和工人失业等现象归咎于被其他国家“抢了岗位”，助推了贸易保护主义思潮，客观上为部分西方政客制造“文明冲突”等负面舆论创造了条件。

## 二、全球经济增长动能不足，世界经济运行不确定性增大

全球经济增长正处于动能转换期，传统增长引擎对经济拉动作用减弱，人工智能、3D打印等新技术虽不断涌现，但新的经济增长点尚未形成。经济全球化这一发动机换挡减速后，世界经济长期增速将随之回落。发达国家进入零利率或负利率时代，债务压力、通胀压力显著增加，金融体系的脆弱性将明显上升。新兴经济体面临的风险冲击更为复杂，比发达经济体更加脆弱。

### （一）全球化的传统动力明显减弱

冷战结束以来这一轮全球化的主要动力是跨国公司主导的全球价值链分工，主要特征是垂直专门化分工。在跨国公司主导下，各国依托自身比较优势参与全球价值链的不同环节并开展贸易活动，以实现整条价值链产出最大化。联合国贸易和发展会议对各经济体在全球价值链中参与度的测算显示，2000—2010年各经济体在全球价值链的参与度年均增速普遍在9%以上，但在金融危机之后，随着信息技术革命浪潮的结束，加之全球经济再平衡需求增强，发达经济体积极推动再工业化，这一方式已经开始萎缩。2010—2017年，各经济体在全球价值链参与度增速普遍在4%以下，远低于金融危机前水平。与此同时，经济合作与发展组织测算表明，各国更倾向

于控制全球价值链的整体环节，而非与其他国家在价值链上进行分工合作。

### （二）全球债务风险累积成为威胁世界经济稳定的重大潜在风险

根据世界银行《全球债务浪潮》研究，自1970年布雷顿森林体系解体以来，全球共发生4次债务浪潮。第一次是1970—1989年的拉美债务危机，主因是有关国家过度借入美元债务，面对美元大幅升值，出现严重债务违约。第二次是1990—2000年的亚洲债务危机，主因是东亚国家过快的金融自由化以及企业在国际市场上过度借债。第三次是2002—2009年的全球性债务危机，主因是东欧中亚国家的过度外部负债，并产生全球性传导。第四次开始于2010年，目前尚未结束，是自1970年以来全球负债规模最快速度的增长。国际金融协会数据显示，截至2019年底，全球债务规模达255万亿美元，约相当于全球GDP的322%，比2008年金融危机爆发时高40个百分点。欧美很多国家债台高筑，新兴经济体的债务规模也迅速扩大。世界经济论坛相关报告显示，2019年二十国集团经济体的公共债务达到GDP的90%。面临金融危机冲击和经济持续下行的趋势，美日欧等主要发达经济体竞相实行货币宽松政策，全球流动性泛滥。由于全球经济长期处于低速增长阶段，资本的边际产出亦呈现长期下行格局，释放出的货币流动性大多不会进入实体经济领域，高负债刺激经济的空间已经很小。超低利率的货币宽松政策虽然在短期内规避了债务危机的爆发，却留下了长期债务隐患。长远看，债务日益增长且增长动能持续削弱，可能引发金融危机，债务驱动型经济增长模式难以为继。

### （三）全球贸易投资规模增速持续放缓

一方面，由于近年来世界经济增速放缓，逆全球化和民粹主义抬头，全球产业链布局加快调整，全球货物贸易增速大幅放缓。根据联合国贸易和发展会议的统计，2008—2019年全球货物贸易额年均增长仅3.3%，远低于1990—2007年的9%。同时，全球货物贸易依存度（全球贸易额与全球GDP的比值）在2008年达到61%的峰值后整体也呈现下降趋势，2016年为56%，是2008年金融危机之后最低值。麦肯锡研究报告显示，2018年以来，受发达国家贸易保护主义抬头影响，全球贸易额增速降幅更为明显。另一方面，跨境直接投资增速也显著放缓。2015—2019年，全球跨境直接投资流入额整体呈现显著下降趋势，年均降幅达6.6%，与2001—2007年年均增长16.1%形成鲜明对比，标志着跨境投资已由21世纪初期的快速增长期转入相对低迷期。其中，流入发达国家的外商直接投资规模年均降幅达到10.1%。即便不考虑新冠肺炎疫情影响因素，在贸易投资壁垒持续上升、新技术革命对贸易投资的推动作用不显著的背景下，全球贸易投资也将处于一个相对低潮期。

### （四）部分新兴经济体经济增长脆弱性明显加剧

在上一轮经济全球化过程中，相当一部分新兴经济体充分发挥自身在能源资源等领域的比较优势，积极参与国际分工，一度实现了经济的中高速增长。但受创新能力较低、制造业基础薄弱、国内市场规模偏小等因素约束，这些经济体工业化和城镇化水平偏低，整体产业国际竞争力较弱，经济发展过度依赖国际市场需求，导致经济增长的稳健性相对不足。在世界经济处于扩张周期、各种大宗商品价格持续上升时，这些经济体往往凭借扩大资源型产品以及旅游等服务的出口，实现经济较高增长。一旦世界经济进入下行周期，拉动这些经济体经济增长的动力在短期内迅速减弱，同时这些经济体又很难依靠国内消费和投资弥补外需下降缺口，往往出现经济增速大幅度下行。部分经济体长期存在收入分配差距较大、产业结构失衡等深层次矛盾，在经济出现大幅度波动时这些矛盾往往会进一步激化，甚至爆发大规模社会事件，出现“经济下行–社会动荡–经济进一步下行”的恶性循环。如巴西、阿根廷、埃及等经济体在21世纪初的世界经济上行周期依靠农产品、石油、铁矿石等初级产品以及旅游服务等出口均实现了经济中高速增长，但在2008年国际金融危机爆发后，全球对于初级产品的需求增长明显放缓，导致其传统经济发展方式难以为继，且未能迅速实现经济发展模式转型，经济增速持续下滑，部分年份甚至陷入经济衰退。2012—2016年，巴西、阿根廷、埃及实际GDP年均增速分别仅为-0.3%、-0.1%和3.4%，与金融危机之前2003—2007年的4.2%、7.9%和5.4%形成了鲜明对比。

### （五）国际金融市场和大宗商品价格持续剧烈波动

20世纪70年代以来，在现代信息技术的作用下，跨境金融资本流动壁垒迅速减少，各国金融市场之间的联系日趋紧密，金融全球化快速发展。2019年全球金融资产规模达到95万亿美元，高于87.7万亿美元的全球GDP总额，特别是金融衍生产品市场大幅增长。金融全球化的快速发展，虽有效提升了全球金融资产配置效率，降低实体经济融资成本，但客观上也加剧了金融市场风险联动，导致国际金融市场往往出现暴涨暴跌，甚至引发金融危机。1998年亚洲金融危机、2000年美国互联网泡沫破裂以及2008年全球金融危机期间，全球主要金融市场均出现剧烈动荡。2000年3月至2002年10月间纳斯达克指数累计下跌近80%，2007年10月至2009年3月间道琼斯指数累计下跌54%。原油、铁矿石等大宗商品已经主要通过期货等金融衍生品进行交易，其金融属性大幅上升，价格波动幅度往往远大于供求关系变化情况，在全球金融市场动荡时也频繁出现暴涨暴跌，如原油价格一度由2008年国际金融危机爆发前的约150美元/桶暴跌至2009年3月的35美元/桶，2020年4月受新冠肺炎疫情等因素影响甚至出现“负油价”。金融市场和大宗商品市场价格的剧烈波动，将会导致居民财富严重缩水和企业资产负债表迅速恶化，对全球经济增长造成严重的消极影响，诱发局部甚至全局性经济危机。特别是对于某些外债负担相对较重的新兴经济体，一旦金融市场剧烈波动导致短期资本迅速流出，其货币将迅速贬值，债务压力短期内大幅上升，严重制约其经济发展，甚至爆发主权债务危机，陷入长期经济衰退。

## 第二节

# 保护主义和单边主义抬头，全球经济治理体系面临严峻挑战

习近平总书记指出，世界经济深刻调整，保护主义、单边主义抬头，经济全球化遭遇波折，多边主义和自由贸易体制受到冲击，不稳定不确定因素依然很多，风险挑战加剧[1]。一些国家设置贸易壁垒，封闭国内市场和国内要素，以邻为壑，孤立封闭，宏观经济负面外溢效应增加；强化科技封锁，导致创新成果难以共享，制约世界经济创新发展；对抗而不合作，独占而不共赢，弱肉强食、赢者通吃，让国际关系趋向越走越窄的死胡同。全球治理赤字日益突出，全球经济治理困境在国际宏观经济政策协调受阻、科技封锁加

[1]《共建创新包容的开放型世界经济》，人民出版社2018年版。

剧、国际经贸关系由合作转向对抗等层面尤为凸显。

## 一、全球经济治理体系难以适应世界经济新变化

全球经济治理体系主要形成于“二战”后，主要制定者是以美国为代表的西方国家，联合国、世界银行、国际货币基金、世界贸易组织等主要机构是全球治理的基本框架。21世纪以来，随着世界格局的发展和国际经济力量对比的演变，现行治理体系的缺陷和不足日益凸显。

### （一）全球经济治理体系包容性和代表性欠缺

当前，国际经济力量对比深刻演变，新兴市场国家和发展中国家对全球经济增长的贡献率已经达到80%。而全球治理体系未能反映新格局，代表性和包容性严重欠缺。全球产业布局在不断调整，新的产业链、价值链、供应链日益形成，而贸易和投资规则调整未能跟上新形势，机制封闭化、规则碎片化十分突出。全球金融治理机制未能适应国际金融市场联动性增强、创新性业务增多、潜在风险加剧的新趋势，难以有效化解国际金融市场频繁动荡、资产泡沫积聚等问题。

### （二）国际贸易格局变化挑战现有多边贸易规则

世界贸易组织成立后，成为全球层面贸易规则的制定和实施机

构，“以规则为基础”成为国际贸易领域的全球规范，贸易摩擦更多诉诸世界贸易组织贸易争端解决机制进行协调，世界贸易组织也因此成为全球经济治理的重要机构平台。随着世界贸易格局的变化，世界贸易组织改革已成为国际经贸规则博弈的重要舞台。众多发展中国家要求在世贸规则中更加重视发展问题，并给予发展中国家尤其是最不发达国家更大的支持和更多特殊待遇。但一些发达国家认为，21世纪以来，发达国家在经济全球化和以世界贸易组织为代表的国际多边贸易体制中利益受损，主张所谓“公平贸易”和以本国利益优先，提出对世界贸易组织规则“重新洗牌”。各方围绕发展中国家地位问题分歧显著，部分发达国家提出，“发达国家”和“发展中国家”的划分方法已经不能适应现实的发展，不符合当前全球经济格局发展的趋势。同时，在国有企业、补贴、技术转移、知识产权等议题上，部分发达国家着力维护其在世界贸易组织改革和全球经贸规则走向等方面的领导权和话语权，加强内部协调和对外施压，共同反对“第三国”所谓非市场经济政策。

### （三）全球经贸规则趋向碎片化、区域化

从历史规律看，多边贸易体制停滞不前、阻力加大、分歧增多的时期，往往也是区域性贸易安排蓬勃发展的时期，二者的发展轨迹具有很强的互补性和耦合性。当前，随着世界贸易组织多哈回合谈判举步维艰，国际多边贸易体制的有效性和权威性有所降低，区域主义浪潮迅猛发展。以全面与进步跨太平洋伙伴关系协

定（CPTPP）为代表的高标准大型自贸协定相继出台，掀起区域主义新浪潮。在这一大趋势下，区域主义张力增大，国际经贸规则碎片化、圈层化、排他性程度有所提升。对发达经济体而言，世界贸易组织的现有规则越来越不能适应其利益诉求，推行小圈子的合作模式更有利于其发挥在经济、产业、科技以及国际政治等领域的优势。通过推动以双边和区域性谈判取代多边谈判，发达国家能够充分运用其规模优势以及规则制定能力和话语权，使谈判对手方处于天然劣势，从而更好地服务于发达经济体的自身利益。区域性自由贸易协定越来越成为发达国家的首选。此外，某些自贸协定中的“毒丸条款”充分体现出发达国家推出的新一轮自由贸易协定内在的排他性特征。

### （四）美元主导的国际货币体系趋向多元化

当前的国际货币体系源自1945年建立的以美元为核心的布雷顿森林体系，之后虽经历了多次危机和变革，包括从固定汇率制过渡到浮动汇率制、日元的崛起、欧元的诞生、英镑的衰落、人民币的国际化等，但美元至今仍在国际货币体系中占据主导地位。主权货币在国际货币体系中的地位与一国经济实力息息相关。“二战”结束时，美国的黄金储备已超过所有国家之和，1945年布雷顿森林体系建立时，美元自然成为核心货币。然而，随着历史发展演进，美国经济在全球经济中的地位明显下降，其占全球经济的比重从1960年的40%下降到2019年的24.4%，且经济社会面临严重失衡。

与此同时，美国滥用美元在国际货币体系中的核心地位进行大规模量化宽松货币超发，大大增加了国际货币体系系统性风险；美国还利用以美元为核心的环球同业银行金融电讯协会（SWIFT）结算系统对全球经济金融活动进行监控并滥施制裁，大大削弱了世界各国对美元持续依赖的信心，国际投资者对美元和美元资产的态度已经发生变化。2015年以来，外国政府和国际组织已连续5年净卖出累计5 000多亿美元的美国长期国债。2020年3月美国为应对疫情冲击，刺激经济增长，开启新一轮“无限量宽”，可能会加剧海外投资者对美元和美元资产的担忧，进一步削弱美元的信用。金砖国家领导人非正式会晤已将国际货币体系改革提上议事日程。英法德联合建立“贸易交换支持工具”（INSTEX），以规避美国对欧洲公司的制裁。

## 二、经济全球化遭遇逆流

### （一）经济全球化进入低潮期

经济全球化通过在全球范围内配置生产要素，有利于提升全球生产力，具有历史进步性，也是历史长远发展的大趋势。但现有经济发展模式难以根本解决资本与劳动、人与自然、全球产业分工与民族国家主权等系列深刻矛盾，决定了全球化必然充满风险和挑战，会经历多轮反复，并呈现波浪式前进和螺旋式上升的演进特征。在过去30年，特别是中国加入世界贸易组织后，全球人力、资本和技术要素高效互动结合，推动经济全球化进入高潮。以2008年国际金融危机为标志，本轮经济全球化进入从高潮期转入低潮期的过渡阶段。

### （二）“逆全球化”风潮已经由社会层面延伸到政治和政策层面

由于跨国公司主导的上一轮全球化在收入分配等领域存在的负面效应，20世纪90年代以来“逆全球化”“反全球化”的声浪不断涌现，1999年11月美国西雅图发生了首次大规模反全球化示威运动。2008年国际金融危机之前，这种反全球化的支持者主要是世界各国的少数利益受损者以及“全球化国际论坛”等少数非政府组织，对各国政府决策的影响力有限。但近年来，随着上一轮信息技术革命带来的红利效应减弱，发达国家与发展中国家之间、发达国家内部不同阶层之间围绕利益分配问题产生的矛盾逐步激化，“逆全球化”风潮已经转向政治和政策层面。在政治层面，极端右翼势力在欧美政坛的影响力不断上升。一些欧美国家极端右翼民粹主义势力积极迎合发达国家中下层民众对自由贸易、移民等的反对情绪，要求实行较为极端的排外主义经济社会政策，其政治影响力不断加深，未来成为执政党的可能性正在持续上升。在政策层面，近年来美国对外经济政策趋向保守，以单边主义取代多边主义，加强贸易保护主义，大力鼓励产业回流，强化人员流动控制。欧盟一体化是对经济全球化高级形态的有益探索，但英国脱欧导致欧盟一体化进程受到严重挑战。从目前看，英国和欧盟在货物和服务贸易、防止不正当竞争、渔业资源分配、公路和航空交通、能源和核合作等领域的分歧较大，英国脱欧之后双方贸易投资合作壁垒大幅度上升的风险仍然较高。

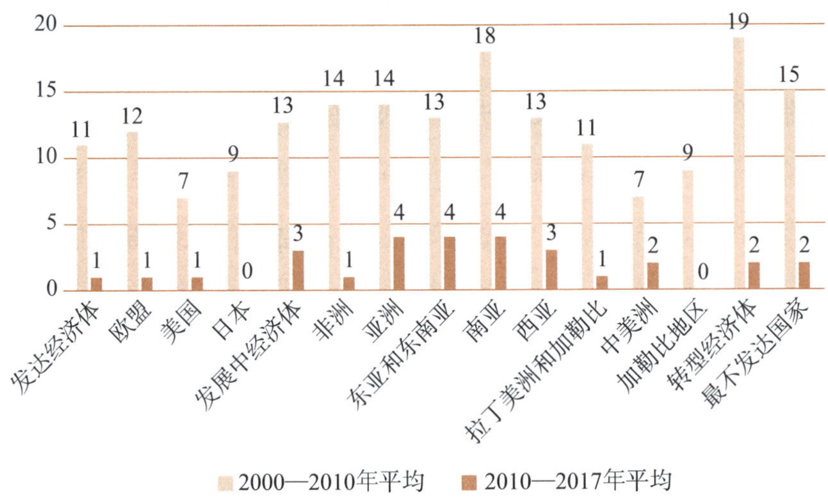


图3-1 各经济体在全球价值链参与度的增长率（单位：%）

数据来源：联合国贸易和发展组织《世界投资报告2018》。

## 三、全球内顾倾向和保护主义上升

受全球经济衰退影响，各国内顾倾向上升，防范外部风险、保障经济安全的诉求普遍增强，推动全球化的动力下降。

## （一）西方发达国家大力推动制造业回流

在此前经济全球化进程中，发达国家出现“中低端制造环节空心化”现象。美国、欧盟、日本等国家和地区的制造业增加值占GDP的比重持续下降，由1997年的16.1%、17.3%、23.4%下降到2018年的11.0%、14.89%、20.7%。如表3–2所示，以苹果手机为例，绝大部分零部件制造以及整机组装都不在美国本土完成。而以中国、东盟等为代表的发展中国家（地区）成为“世界工厂”和全球产业链“制造”环节的主体。为此，美国、德国、日本等发达国家先后实施“制造业回流”“再工业化”“工业4.0”等战略，力图通过税收优惠、加大补贴力度、鼓励制成品出口等一系列政策措施吸引海外制造业回流国内。

表3–2　苹果iPhone部件生产和整机组装地

| 名称 | 主要生产企业 | 企业总部所在地 | 主要工厂所在地 |
| --- | --- | --- | --- |
| 加速度计 | 博世 | 德国 | 美国、中国大陆、韩国、日本、中国台湾等 |
| 声卡 | 凌云逻辑 | 美国 | 美国、英国、中国大陆、韩国、中国台湾、日本、新加坡等 |
| 电池 | 三星、欣旺达 | 韩国、中国大陆 | 韩国、中国大陆等 |
| 网络芯片 | 高通 | 美国 | 美国、澳大利亚、巴西、中国大陆、印度、印尼、日本、韩国等 |

续表

| 名称 | 主要生产企业 | 企业总部所在地 | 主要工厂所在地 |
| --- | --- | --- | --- |
| 屏幕玻璃 | 康宁 | 美国 | 美国、澳大利亚、比利时、巴西、中国大陆、德国、中国香港、印度、日本、韩国、马来西亚、中国台湾等 |
| 处理器 | 三星、台积电 | 韩国、中国台湾 | 韩国、中国大陆、中国台湾等 |
| 内存 | 三星、东芝 | 韩国、日本 | 韩国、日本、中国大陆等 |
| 显示屏 | 夏普、LG | 日本、韩国 | 日本、韩国、中国大陆、波兰等 |
| WiFi组块 | 村田 | 日本 | 日本、墨西哥、巴西、中国大陆、中国台湾、韩国、泰国、马来西亚等 |
| 最后组装 | 富士康、和硕联合 | 中国台湾 | 中国大陆、中国台湾、泰国、捷克、马来西亚、韩国、菲律宾、新加坡等 |

## （二）贸易投资保护主义倾向突出

贸易保护主义在全球蔓延，对世界经济发展造成严重影响。博鳌亚洲论坛研究报告显示，全球贸易保护主义对包括新兴经济体在内的世界各国的负面影响十分显著。2009—2017年，二十国集团中8个发达国家实施的贸易保护主义措施为3 964项，平均每个经济体为495.5项，关税、歧视性政府采购政策等都是贸易保护主义措施的传统手段。根据联合国贸易和发展会议与世界银行联合发布的数据，2018年非关税措施的总交易成本约为3 250亿美元。以美国为例，据全球贸易预警组织统计，2008—2016年，美国对其他国家采取了600多项歧视性措施，仅2015年就采取了90项。美欧在航空、数字领域的争端愈演愈烈。美国于2019年10月正式对75亿美元欧盟输美产品加征关税。其中对欧盟大型民用飞机加征10%的关税，对欧盟农产品和其他产品加征25%的关税。2019年7月，法国参议院批准了向跨国互联网企业征收3%的数字服务税法规，美国随即宣布对法国征收“数字税”的行为发起“301调查”。美国于2017年8月启动对中国的“301调查”，既无视中国多年来在加强知识产权保护、改善外资营商环境等方面的不懈努力和取得的巨大成绩，也无视中美经济结构、发展阶段特点和国际产业分工现实，对中国作出诸多不客观的负面评价，采取单边加征关税、限制投资等经贸限制措施，挑起中美经贸摩擦，对两国经济发展和全球经济复苏带来严峻挑战。2018年2月以来，两国先后开展了13轮经贸磋商，并于2020年1月15日签署了第一阶段经贸协议。但从美方发布的一系列官方文件看，美国单边主义、保护主义的政策倾向并未根本改变，并对其他经济体产生示范效应，全球经济复苏仍面临严重的保护主义威胁。

### （三）部分国家孤立主义倾向上升

孤立主义对构建完善的全球治理体系和全球经济健康发展具有显著的负面影响。从历史上看，发达国家多次出现孤立主义思潮。近年来，随着美国在世界格局中绝对优势地位的逐步下降，相当一部分政界人士认为美国在全球治理中承担了过多义务，希望回到孤立主义的传统路线。当前，美国孤立主义、单边主义政策倾向十分明显，先后退出了《巴黎协定》、联合国教科文组织、伊朗核协议、全球移民协议、世界卫生组织等全球治理机制，甚至一度威胁退出世界贸易组织，目前仍坚持重新谈判美国在世界贸易组织中的关税承诺。美国转向孤立主义将影响其他发达经济体在全球治理中的决策，对构建更为完善的全球治理体系产生消极影响，导致全球治理体系的无序化和碎片化程度大幅上升，全球经贸合作将面临更多严峻挑战。

## 第三节

## 大国竞合关系更趋复杂，世界政治格局深刻调整带来新的不稳定性

习近平总书记指出，当前，国际竞争摩擦呈上升之势，地缘博弈色彩明显加重，国际社会信任和合作受到侵蚀。我们要把互尊互信挺在前头，把对话协商利用起来，坚持求同存异、聚同化异，通过坦诚深入的对话沟通，增进战略互信，减少相互猜疑。要坚持正确义利观，以义为先、义利兼顾，构建命运与共的全球伙伴关系[1]。

[1] 在中法全球治理论坛闭幕式上的讲话（2019年3月26日），《人民日报》2019年3月27日。

## 一、大国竞合关系复杂变化，竞争面有所上升

冷战结束后，和平与发展成为时代主题，全球化、多极化深入发展，大国间呈现竞争与合作并存的格局。纵观当今的大国关系，虽然存在着竞争和对抗，但在经济、非传统安全、全球治理特别是在维护世界和平与战后国际秩序方面，又有着广泛的共同利益。当今世界，各国相互高度依存，其主要表现形式之一就是各国之间紧密的国际分工与贸易联系。可以说，不论是发达国家还是发展中国家，都已经被全球价值链紧密捆绑在一起。当前，虽然部分国家逆时代潮流而动，大肆鼓吹“脱钩”，但事实上，“脱钩”成本巨大，世界难以承受。

同时，大国战略竞争仍为国际关系主轴。过去40年，大国力量对比出现历史性变化，新兴市场国家群体性崛起，“南升北降”已成为趋势，并将进一步深刻影响世界格局。未来，新一轮科技革命、产业变革将孕育重大突破，全球治理体系和国际秩序变革深入推进。大国围绕发展位势和国际事务主导权的争夺更加激烈，各国利益相互交融，个别国家单独左右国际事务的能力将大幅下降，相互协作需求的一面也将更加突出。传统的盟友和对手界限更加模糊，泾渭分明的阵营对峙格局难以再现，犬牙交错的利益交融格局逐渐成型。竞争与合作并存将成为大国关系的主基调。

## 二、霸权主义和强权政治严重威胁大国关系

无论是从历史逻辑还是从现实逻辑来看，霸权主义和强权政治都是“修昔底德陷阱”的重要诱因。只有各国共同反对霸权主义和强权政治行径，围绕推动构建人类命运共同体的目标相向而行，才能真正化解“修昔底德陷阱”的风险，有效维护世界的繁荣稳定。

2008年国际金融危机爆发以来，世界政治经济格局一直处于深刻剧烈调整的过程。尽管世界多极化趋势向纵深发展，国际力量对比朝着有利于世界和平与发展的方向演化，但更加平衡稳定的世界新秩序尚未形成，传统世界格局中的旧问题与新格局中出现的新矛盾相互交织，加之国际地缘政治冲突此起彼伏，全球发展面临新的不稳定因素干扰，霸权主义和强权政治有所抬头。霸权主义国家在实施传统的对外干预和军事侵略等手段基础上，不断挥舞“贸易霸凌主义”大棒，频繁对其他国家实施“长臂管辖”，发起一系列贸易调查和制裁，严重违背国际法原则，为世界繁荣稳定增添诸多变数。部分国家任意干涉别国内政，违背国家主权和领土完整不受侵犯的神圣原则，践踏国际关系的普遍原则，对世界和平与发展造成巨大威胁。

## 三、大国围绕技术和产业的竞争日趋激烈

### （一）各国纷纷出台竞争性扶持政策

在高技术领域，以人工智能为例，各国纷纷将人工智能上升为国家战略。截至2019年5月，全球范围内已经有26个国家和地区以及6个国际组织发布了关于人工智能的战略和政策报告，美国成立人工智能国家安全委员会，俄罗斯出台"人工智能十项计划"，纷纷抢占未来科技制高点。在产业领域，美国对汽车、机器人等工业实施保护，推动高技术产业发展，以维持在互联网、人工智能、自动驾驶和生物技术等尖端科技领域的全球领先地位。日本则以人工智能、网络设备、机器人技术以及汽车行业为主攻方向。德国2019年2月发布《国家产业战略2030：对于德国和欧洲产业政策的战略指导方针》，提出要大力支持突破性创新活动，发展数字技术，推动制造、供应、销售信息的数据化、智慧化，牢牢掌握工业主权和技术主导力。同时，该报告积极推动体制机制创新，提出要建立"国家参与机制"，支持国家持有重要战略性企业股份，参与和推动关键领域发展；修改补贴法，对具有突破性创新的领域实施限时补贴；修改竞争法，支持一些关键领域大企业的合并，打造龙头企业成为欧洲旗舰。在人才方面，人才一直是美国保持国际领先地位的关键资源。美国于2009年9月发布了《美国创新战略》，并

于2011年和2015年两度更新。在2015年更新的版本中，美国提出要大力推行人才竞争政策，加强科学、技术、工程和数学创新人才培育和财政资金投资，并有目的地进行“下一代科学家和工程师”投资，积极培育有创造力的下一代人才储备，对高技术人才移民颁发绿卡，为吸引高技术人才移民融入美国创新体系铺平道路。欧盟面对劳动力技能水平偏低和与岗位不匹配、数字技能人才短缺和人才流失等问题，2016年提出“欧洲新技能议程”，实施提高低技能劳动者读写和技术能力的“技能保障”计划，颁布欧洲统一的职业资格框架，建立数字技能和工作联盟，制定促进部门之间合作的技能提升蓝图，加强职业培训、促进终身学习、解决人才流失等行动，着力提高人才素质，参与国际人才竞争。

### （二）大国间围绕高科技领域的博弈日趋白热化

科技进步是改变世界的最终力量，是决定未来的战略制高点。守成大国竭力采取一切措施和手段“规锁”新兴大国，通过制定或引入新的国际规则，限制新兴大国在高技术领域的进取行为，谋求将新兴大国锁定在全球价值链的低端位势。与此同时，守成大国动辄引用国内法律打压新兴大国，对其所谓“强制技术转移”等进行制裁。通过这些做法，守成大国旨在一方面继续享受新兴大国处于全球价值链中低端所带来的利益，另一方面规避和阻止新兴大国在高端技术方面赶超。

## 四、大国在地缘政治和新疆域的博弈增多

### （一）地缘政治热点增加

朝鲜半岛核问题在2017年底一度滑向失控边缘，2018年以来虽有转圜，但基本矛盾仍未完全解决，不利于半岛和平稳定的事件不时发生。围绕乌克兰等问题，俄罗斯与北约的对峙依然暗潮涌动，双方战机、军舰不时摩擦对抗，地区紧张局势难以消除。作为重要油气资源产地的中东、北非地区地缘格局远未定型，叙利亚、也门、利比亚内战仍在持续，恐怖主义势力尚未根除，有关各方的政治、经济、民族、历史、宗教矛盾错综复杂，域内大国与域外大国的博弈风云变幻，仍是全球地缘政治冲突的风暴眼。

### （二）大国围绕太空、深海、极地等新疆域博弈不断深化

随着技术的进步，人类活动空间不断向太空、深海和极地等新疆域拓展。各国高度重视新疆域在运输、军事、资源等方面的战略价值，持续推进建设不同类型的军事用途战略平台。全球海洋强国围绕国际海底区域矿产资源开采规则开展激烈博弈。各个南极主权声索国竭力阻止其他国家介入南极治理。北极国家围绕领土领海主权、专属经济区和大陆架权利开展斗争较量。

## 第四节

# 非传统安全问题更为突出，全球进入各类安全风险高发期

习近平总书记指出，当前我国国家安全内涵和外延比历史上任何时候都要丰富，时空领域比历史上任何时候都要宽广，内外因素比历史上任何时候都要复杂[1]。近年来，全球发展失衡问题日趋突出，各类要素和主体流动融合加速，信息技术以低成本方式向各个领域持续渗透，专项领域全球治理机制尚不完善，恐怖袭击、网络犯罪、重大传染性疾病、气候变化等非传统安全问题更为突出，对人类社会发展的负面影响不断强化。

[1] 在第十九届中央国家安全委员会第一次会议上的讲话（2018年4月17日），《人民日报》2018年4月18日。

## 一、非传统安全问题日益凸显，成为世界大变局加速演化的重要表现

“二战”以来，核武器“恐怖平衡”使大国间爆发毁灭性战争的概率大为降低，虽然全球范围内局部冲突不断，但是整体上保持了和平发展的态势。同时，非传统安全问题更加凸显，成为世界大变局加速演化的重要表现，带来新的不确定性和不稳定性。

非传统安全，包括由非军事因素引发，直接影响甚至威胁本国发展、稳定与安全的重大问题；经济安全风险、金融安全风险、生态安全风险、网络安全风险等都属于非传统安全风险范畴。联合国高度重视非传统安全问题，在实践中不断丰富“安全”的概念。早在20世纪60年代，联合国就开始关注环境、粮食、人口、贫困等非传统安全问题；70年代进一步关注各种安全问题的相互依赖性，研究解决发展中的安全问题；80年代把环境、发展、粮食等提升为安全问题来认识，正式使用“环境安全”和“经济安全”等说法；1994年《人类发展报告》提出“人类安全”概念，系统阐释了经济安全、粮食安全、健康安全、环境安全、人身安全、共同体安全、政治安全等七大类安全问题。

### （一）经济安全

20世纪70年代，两次石油危机爆发，导致西方发达国家经济

陷入“滞胀”，西方国家认识到维护政治和军事安全以外的国家经济安全的重要性。2008年美国次贷危机引发全球金融危机，澳大利亚、阿根廷等粮食生产国发生干旱，引发全球粮价恐慌性上涨并在高位持续一年之久，全球几十个国家爆发粮食危机。此次新冠肺炎疫情暴发后，有关国家先后采取粮食出口限制措施，引起相关国家对粮食供应的巨大担忧。

### （二）金融安全

金融全球化与信息全球化的相互交织显著加大了金融风险扩散的联动性，局部金融风险可能引发大范围的金融危机。2001年，阿根廷金融危机爆发后，阿根廷国家银行的资金在一个工作日内就被提走7亿美元，阿根廷主权债券价格跌到面值的35%；为了防止资金外流，阿根廷政府实行“银行提款管制”和“外汇出境限额”，又导致国内政治矛盾激化，社会持续动荡，经济增长严重失速。当前，发达国家已进入零利率或负利率时代，但债务压力仍显著增加，金融市场泡沫加剧，金融体系的脆弱性明显上升。部分新兴经济体资本外流压力加大，货币大幅贬值，外债负担加重，金融市场持续动荡，引发局部金融危机的风险不容低估。

### （三）生态安全

1972年，罗马俱乐部发表了著名报告《增长的极限》，指出生态环境持续恶化严重冲击全球经济社会发展，引发国际社会对生态环境保护的普遍重视。当前，全球气候变暖、海洋污染、臭氧空洞、生物多样性锐减、南北极和喜马拉雅山冰雪消融、沙尘暴频发等现象仍未出现缓解趋势。

### （四）网络安全

近年来全球网络犯罪波及范围不断扩展，互联网、物联网、云计算、人工智能以及智能电网“险象环生”；高级持续性攻击（APT）甚至高技术含量的离线攻击频现，例如全球勒索病毒的爆发，防不胜防的网络风险呈现跨国性、多发性、隐蔽性特征。中国国家互联网应急中心统计显示，2012年“幽灵躯壳”“匿名者”“反恐黑客”等黑客组织频繁发动对我国的网络攻击，恶意代码、信息窃取、网络欺诈对网络空间安全构成巨大威胁。此外，与网络安全密切相关的信息安全问题也日益突出，2013年“斯诺登事件”，本身是发起于个人的信息披露行动，却很快演变为国家间信息安全保障能力的较量。

### （五）生物安全

随着相关生物技术门槛进一步降低，“生物DIY”活动呈规模化发展，生物新技术被谬用、滥用的潜在风险持续上升，由此引发的事故可能引发公共安全危机。与此同时，国际生物安全管控体系缺乏具有法律约束力的核查机制，相关信任措施不完善，生物技术安全风险不容忽视。美、俄、英先后出台生物安全战略。新冠肺炎疫情是新中国成立以来发生的传播速度最快、感染范围最广、防控难度最大的一次重大突发公共卫生事件，凸显了非传统安全对国家总体安全的重大影响。生物安全重要性进一步增强，迫切需要从保护人民健康、保障国家安全、维护国家长治久安的高度，把生物安全纳入国家安全体系，系统规划国家生物安全风险防控和治理体系建设，全面提高国家生物安全治理能力。

### （六）恐怖主义

2001年9月11日，恐怖分子对美国世贸中心以及五角大楼等建筑发动袭击，近3 000人遇难，美国经济损失达2 000亿美元，约相当于美国当年GDP的2%。伦敦经济与和平研究所《2015全球恐怖主义指数》称，2014年全球发生恐怖袭击事件并有人员死亡的国家共67个，恐怖袭击造成32 658人死亡。恐怖主义袭击花样翻新，“独狼式”恐怖袭击对世界各国的威胁日益上升，多个国家大案要案频发。

## 二、传统和非传统安全问题相互催化

传统与非传统安全问题并非截然对立的两个概念，在很多情况下呈现相互交织的态势，在一定条件下可以相互转化。网络安全是传统和非传统安全相互交织的一个典型领域。黑客攻击是各国普遍面临的共同威胁，黑客原本只是一种技术身份，当其被运用于军事、政治领域时，就成为国家安全的重大威胁；而当其并非出于军事和政治目的实施行动时，则一般会形成非传统安全威胁。由于网络空间并无国界，加上技术进步使得接入网络的成本大幅降低，这种相互交织的态势增大了维护国家安全的难度。

相较于传统安全，非传统安全风险有以下四方面特点。一是潜在性与突发性。非传统安全风险从萌芽、酝酿、激化，往往是一个矛盾不断积累、性质逐渐演变的渐进过程，一旦量变累积突破临界点，又常常以危机形式猛烈爆发，容易引发社会恐慌和动荡，成为某一阶段影响国家安全的重大问题。二是联动性与传导性。非传统安全风险可能由单一风险向复合危机转变，由局部问题向国家安全的全局全域传导。类似新冠肺炎疫情这样的全球公共卫生重大风险，容易向社会、经济和政治等安全领域传导，甚至在一些国家和地区引发社会失序、经济失调和政治失治的复合型危机，给国家发展和民众生活造成深重灾难。三是全球性与发展性。非传统安全风险从产生、应对到解决均具有明显的国际特征，如应对气候变化、传染病大流行、资源能源短缺等现有共性问题“存量”尚未解决，以及随着科技发展带来数据安全、人工智能、基因技术等领域的新兴问题“增量”不断涌现，这些都是关系到全球和人类整体安全利益的问题，需要国际社会通力合作、同舟共济，需要借助科技的发展、转化和运用。四是现实性与普遍性。非传统安全点多面宽，广泛潜藏、现实存在于国家和社会的各个领域。相比于传统安全，非传统安全实施主体更加多元、爆发方式更加复杂、影响范围更加广泛，应对和治理难度更大。从根本上讲，只有通过加强国际合作，才能对超出一国范围之外的非传统安全问题进行有效治理。

目前，以《联合国宪章》为核心的国际秩序仍是维护全球稳定的基石，受国际力量对比变化、大国竞合关系复杂演进等因素影响，健全各个非传统安全领域的全球治理机制仍然任重道远。如何加强国际合作，降低传统和非传统安全威胁，共同推动人类进步，始终是大变局下摆在国际社会面前的一道难题。

# 第四章

# 新冠肺炎疫情对大变局的影响

2020年，新冠肺炎疫情全球多点暴发，持续蔓延。新冠肺炎是近百年来人类遭遇的影响范围最广的全球性大流行病，对全世界是一次严重危机和严峻考验，人类生命安全和健康面临重大威胁。此次疫情再次凸显构建人类命运共同体的重要性和紧迫性。习近平主席在同联合国秘书长古特雷斯通电话时表示，新冠肺炎疫情的发生再次表明，人类是一个休戚与共的命运共同体。在经济全球化时代，这样的重大突发事件不会是最后一次，各种传统安全和非传统安全还将不断带来新的考验。国际社会必须树立人类命运共同体意识，守望相助，携手应对风险挑战，共建美好地球家园[1]。

[1]《习近平同联合国秘书长古特雷斯通电话》(2020年3月12日)，《人民日报》2020年3月13日。

## 第一节

# 疫情激发各种思潮激烈碰撞，人类共同应对风险挑战的紧迫性进一步凸显

习近平总书记指出，重大传染性疾病是全人类的敌人。新冠肺炎疫情正在全球蔓延，给人民生命安全和身体健康带来巨大威胁，给全球公共卫生安全带来巨大挑战。当前，国际社会最需要的是坚定信心、齐心协力、团结应对，全面加强国际合作，凝聚起战胜疫情强大合力，携手赢得这场人类同重大传染性疾病的斗争[1]。新冠肺炎疫情的暴发可能对全人类的生活方式乃至思想认知产生长远深刻影响，此前被普遍接受的事实和观念受到冲击，近年抬头的一些

[1] 在二十国集团领导人特别峰会上的发言（2020年3月26日），《人民日报》2020年3月27日。

非主流思潮得到强化。应当看到，在应对疫情的过程中，单边主义、保护主义有所抬头的同时，国际社会共同抗疫、共渡难关的共识及举措也在不断加强。面对疫情人类还应付出更多努力，秉持命运共同体的理念共同应对。

## 一、世界各国深刻反思新自由主义和全球化，对全球治理产生深远影响

### （一）疫情凸显新自由主义弊端

冷战结束后，新自由主义逐渐占据西方主流价值观并成为其致力输出的“普世价值”。此次新冠肺炎疫情放大并凸显西方经济社会深层结构性矛盾，重创新自由主义价值观，暴露了新自由主义推崇的“小政府”在面临重大公共危机时的缺位和失灵。西方学界开始重新审视新自由主义的困境，思考基于新自由主义的政治秩序和治理体系。国外众多学者对建立在新自由主义思想基础上的资本主义系统全面地进行了反思，认为福利国家削弱、经济不平等加剧、社会健康差距扩大等弊端凸显出新自由主义模式并没有达到治理模式的终点，仍需要大量改革。许多学者呼吁重新信赖“大政府”，重构福利国家，改革利润导向型医疗体系。这种反思声音在疫情前难以被西方主流舆论重视，而此次疫情引发反思新自由主义的各类思潮涌动，可能对各国治理理念及全球治理

体系产生复杂深远影响。

### （二）疫情激化民粹主义思想

民粹主义的抬头在新冠肺炎疫情前已有迹象。受疫情影响，在家隔离、保持社交距离、减少聚集等成为常态，人们的生产消费活动被限制和割裂，原有的生活方式被扰乱。从国家内部看，部分国家民众社会信任度下降，政治、经济、文化等各个领域的分化交织与撕裂进一步加大。政客之间利用疫情相互攻击，“选票政治”下的党派之争愈发激烈，极化思想拥趸有所增加，民众生命安全和公共福祉无法得到有效保障。贫富差距造成民众对立情绪加剧，种族主义矛盾激化。从国家间的相互关系看，疫情促使各国的内顾倾向上升，社会心态更趋于保守。民粹主义抬头造成的政治碎片化将进一步影响未来各国政策主张及取向。

### （三）疫情加剧反全球化逆流

全球化在过去30年间迅猛发展，深刻改变了人类生活方式和全球格局。但2008年国际金融危机后，被全球化高速运转下的高增长掩盖的发展差距拉大、社会不平等加剧等负面现象也逐渐暴露。对部分国家而言，由于参与全球化的获益降低、成本上升，逆全球化思潮在民众中兴起并发展，进而又影响政府的政策取向，并在全球格局和形势演变中逐渐发挥作用。新冠肺炎疫情全球大流行以来，各国为防控疫情，纷纷采取封锁边境、管控人员流动等措施，客观上与全球化的要求背道而驰，一定程度上加剧和放大了单边主义、保护主义。与此同时，疫情激化政治、经济、社会各种矛盾，导致风险集中显现。在疫情防控常态化的背景下，各国可能以疫情为借口进一步采取投资贸易保护主义措施。应当看到的是，尽管当前全球化遭遇波折，但逆全球化的思潮难以阻挡规律性的演变，经济全球化仍是历史潮流，各国分工合作、互利共赢仍是长期趋势。

## 二、全球性风险挑战上升，亟须全球共同应对

### （一）新冠肺炎疫情影响前所未有

此次新冠肺炎疫情大流行给世界造成的影响史无前例，超出了历史上任何一次瘟疫流行带来的影响。从传播角度看，新冠病毒几乎覆盖了全球的每个角落，感染人数半年破千万，目前多国确诊人数仍在增长，有可能遭受第二波疫情冲击。从医学角度看，尽管多国在加紧疫苗研发，但新冠病毒越来越显现出长期与人类共存的趋势，人类的生活交往方式面临深度调整。从经济角度看，疫情使世界经济陷入战后最严重衰退，其严重程度甚至可能超过2008年国际金融危机，仅次于20世纪二三十年代的大萧条。与此同时，产业链供应链调整及其带来的贸易格局变化可能给新兴市场国家的发展带来不确定性。从全球治理看，疫情加剧了现有国际秩序的不稳

定性，全球治理体系调整可能加速，国际社会不协调不同步被放大，治理赤字成为必须正视的问题，可能影响联合国2030可持续发展目标的实现。

新冠肺炎疫情发生以来，多国发布了商品出口禁令，世界贸易组织在2020年4月的报告中指出，有80个国家和地区采取了限制口罩、防护服、食品出口的措施，如美国对口罩出口采取许可证制度，部分国家囤积医疗物资和食品，一些国家限制粮食出口等。世界银行2020年3月数据显示，有46个发展中国家对呼吸器征收5%～25%的进口关税。世界贸易组织2020年6月报告显示，2019年10月16日至2020年5月15日期间，二十国集团经济体实施了154项新的贸易政策和相关措施，其中59项是贸易限制措施；发起反倾销、反补贴和保障措施等贸易救济行动203项，明显高于此前平均水平。当前疫情走势仍存在较大不确定性，旅行禁令、入境管控、技术壁垒等保护主义、单边主义措施可能成为部分国家的“新常态”。

### （二）应对疫情冲击全球正在行动

在联合国、二十国集团等多边机构和组织的领导和协调下，各国在共同抗击疫情、推动全球经济复苏方面付出了积极努力。为促进对病毒的研究，全球科学家对新冠病毒及其病症的学术研究成果及时全面地进行了分享，为加快疫苗研发、完善对症治疗发挥了不可替代的作用。疫情在全球多点暴发后，包括中国在内的一些国家积极向医疗水平较为落后的国家提供物资及技术援助，支持相关国家扩大检测范围、完善诊疗系统、提升防控有效性。2020年3月末，二十国集团举行抗疫特别线上峰会，在加强国际合作、及时分享信息、保障医疗物资供应、维护全球经济金融稳定等方面达成诸多共识。其中对最不发达国家的缓债倡议得到了广泛支持和响应，为遭受疫情传播和经济下行双重打击的不发达国家带来了“雪中送炭”的效应。由欧盟牵头、全球数十国共同参与的全球募捐活动募集超70亿欧元，用于研发疫苗等。中国始终秉持开放合作精神，第一时间向世界卫生组织及有关国家通报疫情信息，同各国分享病毒基因序列，向其他国家提供力所能及的物资援助、分享防控和诊疗经验，为全球抗疫贡献了中国力量。

### （三）走出阴影需国际社会携手努力

新冠肺炎疫情造成的巨大冲击再次证明人类是一个命运共同体。新冠肺炎疫情影响远未结束，未来走出疫情阴影、恢复发展繁荣需要全人类携手加强协作，付出更多努力。首先，各国紧密协作有效开展联防联控国际合作成为当务之急。聚焦建立联防联控网络，加强科学研究和诊疗救治的信息共享和经验交流。在多边机制内加强对话交流与政策协调力度，在全球抗疫中担负更多责任、发挥更大作用，向应对疫情能力薄弱的国家和地区提供更多物资、技术、人力支持，完善其公共卫生体系和疫情防控能力。其次，必须坚决反对污名化和疫情政治化。人类的共同敌人是病毒，将病毒和疫情污名化、政治化丝毫无助于早日控制病毒蔓延、走出疫情阴影，国际社会应形成广泛的共识，让团结、合作、担当、作为的精神引领全世界人民取得全球抗疫胜利。最后，消除疫情给世界经济带来的影响尚需付出大量努力。各国应联手稳定和恢复世界经济，加强国际宏观经济政策协调，实施有力有效的财政和货币政策，加强金融监管协调，维护金融市场稳定，防止引发全球性金融危机导致世界经济陷入大规模、长周期衰退。坚持以世界贸易组织为中心的多边贸易体制，减免关税、取消壁垒、畅通贸易，维护全球产业链供应链的稳定、安全与顺畅运行。

## 第二节

# 世界经济陷入战后最严重衰退，各国经济走势出现明显分化

新冠肺炎疫情使世界经济陷入“二战”以来程度最深的经济衰退，全球贸易和投资深度萎缩，政府债务大幅提高，金融风险显著上升，世界经济复苏面临的挑战更加严峻复杂。疫情促使各国经济走势进一步分化，一些国家特别是发展中国家经济社会面临严重困难。疫情发生后，我国迅速采取强有力措施，取得阶段性重要成效，基本阻断本土疫情传播，为全球抗疫作出重大贡献，也为我国经济率先企稳回升奠定了坚实基础。

## 一、世界经济面临多重挑战

### （一）新冠肺炎疫情使世界经济陷入严重衰退

为应对疫情，各国纷纷采取防疫封控措施，不同程度地对经济按下了“暂停键”，导致大量生产活动陷入停顿，交通、运输、旅游、销售等服务业损失惨重，失业率骤升，需求萎缩，金融市场剧烈震荡，新冠肺炎疫情大流行产生的快速而巨大的冲击以及防控措施造成的经济停摆使世界经济陷入严重收缩。

世界银行2020年6月8日发布的《全球经济展望》报告预测，乐观情况下，2020年全球经济将收缩5.2%，是“二战”以来程度最深的经济衰退，也是自1870年以来出现人均产出下降的经济体数量最多的一次衰退，2021年全球经济增速将反弹至4.2%。如果疫情年内得不到控制，年底发生二次冲击的话，悲观情况下，全球经济将收缩8%，2021年仅能实现1%的增长。其中，2020年发达国家经济将萎缩7%，新兴市场国家和发展中国家经济将出现60年来的首次收缩，整体下滑2.5%。经济合作与发展组织2020年6月发布季度经济展望，预计在乐观情况下，2020年世界经济萎缩6%，2021年回升至5.2%，悲观情况下世界经济将收缩7.6%，2021年反弹至2.8%（见表4–1）。经济合作与发展组织认为，到2021年底，收入的损失将超过过去100年除战争以外的任何一次衰退。国际货币基金组织2020年6月《世界经济展望（更新）》预测，2020年世界经济萎缩4.9%，2021年增长5.4%。

表4-1　世界经济增长预测　　单位：%

| 2020年6月预测 | 乐观场景：疫情逐渐缓和基本可控 | | 悲观场景：年底发生二次疫情冲击 | |
|---|---|---|---|---|
| | 2020年 | 2021年 | 2020年 | 2021年 |
| 世界银行 | −5.2 | 4.2 | −8 | 1 |
| 经合组织 | −6 | 5.2 | −7.6 | 2.8 |

资料来源：世界银行《全球经济展望》，2020年6月；经合组织《OECD经济展望》，2020年6月。

## （二）疫情给本已疲弱的世界贸易带来重击

2008年国际金融危机以来，世界贸易长期增长缓慢。根据世界贸易组织统计，2001—2010年全球货物贸易量平均增速为4.5%，2011—2019年全球货物贸易量平均增速仅为2.4%（见图4-1）。2017年以来，美国单方面挑起与多个贸易伙伴的贸易摩擦，使本已增长乏力的国际贸易雪上加霜，2019年全球货物贸易量较上年下降0.1%。2020年新冠肺炎疫情带来严重冲击。世界贸易组织2020年4月底预测，2020年全球货物贸易量乐观情况下将萎缩12.9%，悲观情况下将萎缩31.9%，远远超过2009年2.1%的萎缩程度，已接近大萧条时期的年度收缩值。同时，几乎所有地区的贸易额都将出现两位数的下降，北美和亚洲的出口受到的打击最大。联合国贸易和发展会议预测，2020年国际贸易全年降幅将达到20%。

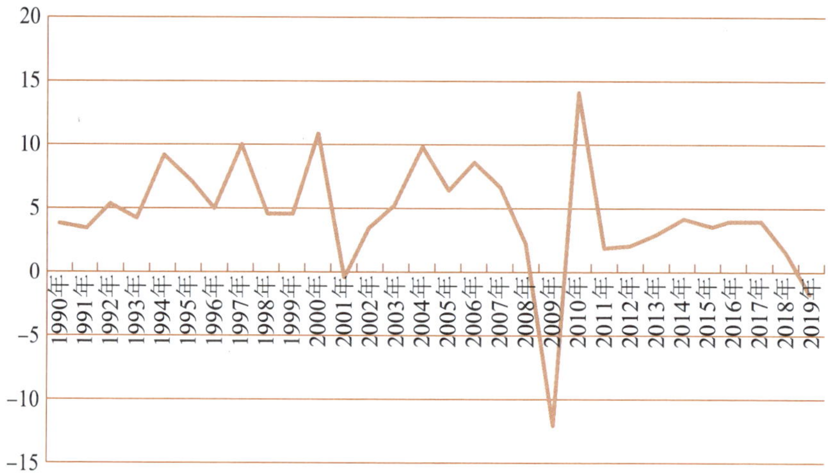


图4-1 全球货物贸易量增速（单位：%）

资料来源：世界贸易组织《世界贸易统计概览》，2019年7月。

## （三）全球直接投资将大幅萎缩

自1990年起，全球直接投资步入快速增长期，全球跨国直接投资流量2000年达到约1.4万亿美元的阶段峰值，2001年受互联网泡沫破裂影响大幅下滑43%，2007年再次达到1.9万亿美元的阶段峰值，2008、2009年受金融危机影响分别萎缩21.8%和20.8%，2015年又达到2.03万亿美元的阶段峰值，此后逐年下滑（见图4-2）。目前看，新冠肺炎疫情在全球蔓延将对外商直接投资产生显著影响。联合国贸易和发展会议2020年6月公布年度世界投资报告指出，2019年全球跨国直接投资额为1.54万亿美元，受新冠肺炎疫情影响，2020年全球跨国直接投资流量将减少40%至1万亿美元以下，是2005年以来首次跌破万亿美元的水平。2021年全球跨国直接投资还将继续萎缩5% ～ 10%，直到2022年才会开始复苏。

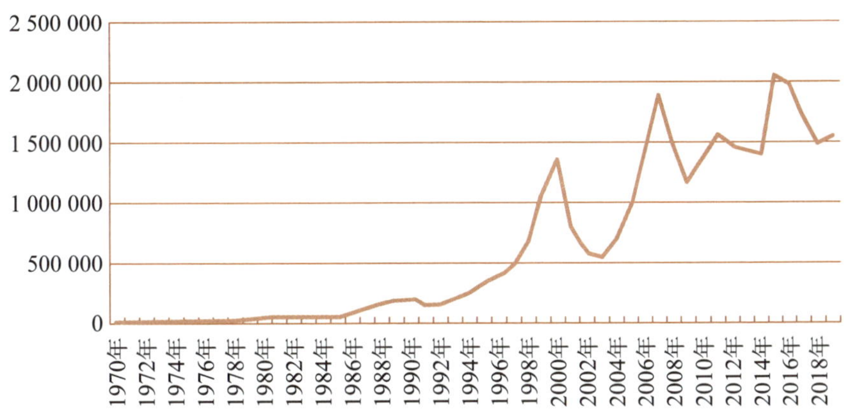


图4–2　全球跨国直接投资（FDI）流入（单位：百万美元）

资料来源：联合国贸易和发展会议数据库。

## （四）短期内世界经济前景仍面临高度不确定性

疫情对经济运行而言属于一次外部冲击，但对个别领域可能会带来永久性损害，增加全球经济风险点和动荡源。从目前看，由于控制疫情的前景高度不确定，存在疫情二次暴发的巨大风险，世界经济受损程度还可能加大。受疫情控制进程的影响，世界经济走出

L形或者W形轨迹的可能性均存在。

### （五）中长期看世界经济复苏仍面临多重挑战

一是人口增长趋缓和老龄化制约劳动力供给。联合国《世界人口展望2019年》预计，到21世纪末全球人口增长率将呈现继续放缓趋势，2030年全球65岁及以上人口占比将达到11.7%，较2019年的9.1%提高2.6个百分点，未来发达经济体和部分新兴经济体将普遍面临人口出生率下降、人口抚养负担加重、劳动参与率下降的挑战。二是投资动力不足将进一步导致生产效率和经济增长潜力下滑。联合国贸易和发展会议报告显示，全球价值链在经历了20年的持续增长之后于2010—2012年达到峰值，此后全球跨国直接投资在所有区域的投资收益率明显下降，2018年平均收益率为6.7%，较2012年的8.1%下降了1.4个百分点，成为跨国直接投资下滑的重要因素。三是技术进步带动全要素生产率明显提高在中期内还难以实现。当前，世界范围内新技术新产业发展方兴未艾，但能够持续引领世界经济增长的技术和产业仍未形成，依托重大技术革命的应用和生产率跃升开启新增长周期尚需较长时间。四是宏观经济政策空间减小。金融危机以来，全球债务规模持续扩大，主要经济体政府负债率明显攀升，央行退出量化宽松政策步伐缓慢，压缩了财政货币政策空间。受上述诸多因素制约，全球潜在增长率仍将疲软，世界银行在2018年6月出版的《全球经济展望》中指出，未来十年将是其自20世纪90年代开始收集相关数据以来经济潜在增速最慢的十年。综合来看，世界经济在较长时期仍将延续低增长、低通胀、低利率、高债务的“三低一高”的疲弱增长态势。

## 二、各国经济走势可能出现重大分化

由于各国防控能力和成效、经济和社会基础等存在一定差异，疫情对不同地区和经济体的冲击不同。据世界银行预测，2020年发达国家经济将下滑7%，2021年回升至增长3.9%；新兴市场国家和发展中国家2020年经济下滑2.5%，2021年反弹至增长4.6%。

分地区看，2020年经济收缩程度从低到高依次为：东亚及太平洋地区收缩0.5%、南亚地区收缩2.7%、撒哈拉以南非洲地区收缩2.8%、中东及北非地区收缩4.2%、欧洲和中亚地区收缩4.7%、拉美和加勒比地区收缩7.2%（见表4–2），与1960—2020年平均增速相比，上述地区增速分别低7.6、7.8、6.2、8.7、7.8和10.7个百分点。由此可见，新冠肺炎疫情对全球各地区经济均带来巨大冲击，其中最严重的是拉美地区。

分主要经济体看，国际货币基金组织和世界银行预测均显示2020年衰退程度最严重的是欧元区，情况最好的是中国，是主要经济体中唯一能够实现正增长的国家（见图4–3和图4–4）。

表4-2　2020年地区GDP增速及人均GDP增速预测　　单位：%

| 地　区 | GDP增速 | | 人均GDP增速 | |
|---|---|---|---|---|
| | 2020年 | 1960—2020年期间 | 2020年 | 1960—2020年期间 |
| 东亚及太平洋地区 | -0.5 | 7.1 | -0.1 | 5.5 |
| 欧洲和中亚地区 | -4.7 | 3.1 | -5.0 | 2.5 |
| 拉美和加勒比地区 | -7.2 | 3.5 | -8.1 | 1.6 |
| 中东及北非地区 | -4.2 | 4.5 | -5.8 | 2.0 |
| 南亚地区 | -2.7 | 5.1 | -3.8 | 3.1 |
| 撒哈拉以南非洲地区 | -2.8 | 3.4 | -5.3 | 0.7 |

资料来源：世界银行《全球经济展望》，2020年6月。

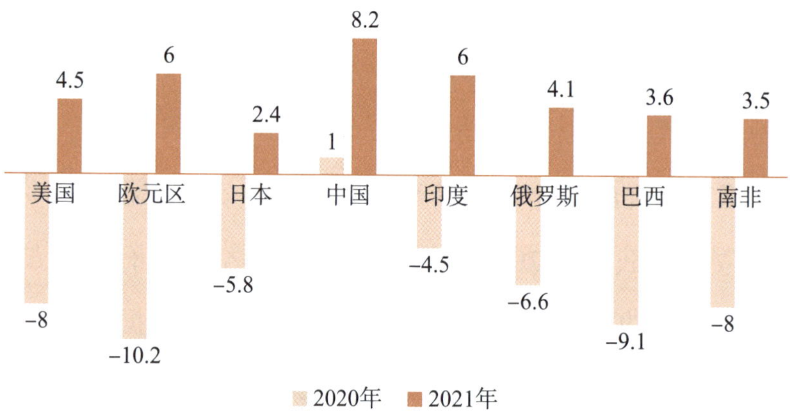


图4-3　国际货币基金组织对主要经济体经济增长预测（单位：%）

资料来源：国际货币基金组织《世界经济展望》（更新），2020年6月。

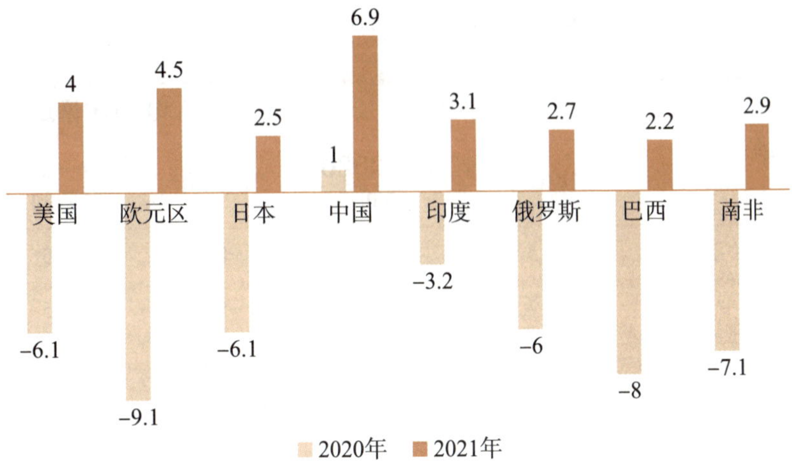


图4-4　世界银行对主要经济体经济增长预测（单位：%）

资料来源：世界银行《全球经济展望》，2020年6月。

疫情推升全球动荡源和风险点，各国经济稳定复苏面临不同挑战。为了抵御疫情在短期内对经济产生的巨大负面冲击，各国纷纷出台大规模财政救助计划，利率降至零利率或是负利率，同时采用非常规的量化宽松甚至无限量量化宽松。据国际货币基金组织数据，截至2020年6月下旬，全球各国政府宣布的财政措施规模已达约11万亿美元。据国际金融协会数据，截至2019年底，全球债务占GDP比重为322%，比2008年金融危机爆发时高40个百分点，预计2020年全球债务水平可能激增至342%（基于全球GDP收缩3%计算）。一方面受疫情影响经济活动和财政收入急剧萎缩，另一方面各国为应对疫情实施大规模财政支持措施，导致政府债务和赤字率激增。据国际货币基金组织统计，2019年发达国家政府债务占GDP比重平均高达105%，预计2020年政府债务率超过130%，平均赤字率高达16.6%，未来爆发政府债务危机的风险进一步加大。部分低收入发展中国家已在二十国集团“缓债倡议”下请求暂停偿还债务，45个低收入发展中国家已寻求国际货币基金组织紧急融资，引发对相关国家债务可持续性的担忧。与此同时，据国际金融协会披露的数据显示，截至2020年第一季度，新兴市场国家的外汇债务已经超过5.3万亿美元，随着经济陷入深度衰退，部分新兴市场国家爆发债务危机的可能性上升。

就业市场面临严峻考验。国际劳工组织2020年6月报告指出，疫情对于全球就业市场的冲击范围之广、规模之大、影响之深都超出预期。2020年第二季度，美洲就业挑战最为严峻，工作时间减少18.3%，相当于7 000万人失业；欧洲和中亚地区、亚太地区、阿拉伯国家工作时间均减少13%以上。2020年第二季度全球工作时间减少14%，相当于损失了4亿个全职工作岗位。预计第四季度将损失4.9%的工作时间或1.4亿个工作岗位。如果第二波疫情出现，这一数字可能升至11.9%或3.4亿个工作岗位。即便在最理想状况下，劳动力市场也难以恢复到疫情前水平，因此存在全球持续发生大规模失业的风险。

疫情加剧贫富差距影响经济社会稳定发展。疫情对不同就业群体的影响存在巨大差异，中小企业抗风险能力差，更易受到严重冲击，中低端岗位、兼职人员以及非正式就业人群大量失业，再就业难度大，极易陷入贫困。根据国际货币基金组织预测，疫情将对全球范围内的低收入家庭造成严重的负面影响，显著加剧不平等。预计2020年超过90%的新兴市场和发展中经济体将出现人均收入负增长。联合国开发计划署2020年6月预计，2020年全球人均国民总收入（GNI）将减少4%。联合国教科文组织估计，全球近12亿学龄儿童（约占全球总数的70%）受到影响。这将导致学习机会显著丧失，对低收入国家儿童的未来收入前景产生较大不利影响。国际货币基金组织表示，这场疫情可能导致约1亿人陷入极端贫困，抵消过去三年全球在减少贫困人口方面所取得的成就。贫困人口增加、社会收入差距加大将进一步激化社会矛盾。若处理不当，可能引发社会动荡，给经济社会稳定发展带来巨大挑战。

## 第三节

# 全球产业链加速调整，各国对产业安全的重视程度显著提高

习近平总书记指出，在各国相互依存日益紧密的今天，全球供应链、产业链、价值链紧密联系，各国都是全球合作链条中的一环，日益形成利益共同体、命运共同体[1]。突如其来的新冠肺炎疫情在全球迅速蔓延，国际贸易投资萎缩，消费和生产停滞，全球产业链、供应链受到全方位冲击。疫情促使各国反思在全球价值链中的定位，提高对产业安全的重视程度，加快调整产业布局的步伐，推动全球产业链重构。同时也要看到，确保本国产业链供应链安全

[1] 在亚太经合组织工商领导人峰会上的主旨演讲（2018年11月17日），《人民日报》2018年11月18日。

与维护全球化并不矛盾，开放、稳定、安全的全球产业链供应链是下一步发展的方向。

## 一、全球产业布局加速重构

### （一）全球产业链供应链持续向纵深发展并不断调整

自20世纪90年代以来，跨国公司在利润最大化的驱动下，以构建最优价值链为战略导向加快全球布局，推动全球产业链供应链向纵深发展，以东亚、北美和欧洲三大生产网络为中心，形成相互依存、联系日益紧密的国际生产、服务、贸易和投资格局。新兴经济体快速成长，在全球价值链中的参与度不断提高，中间品贸易逐渐成为国际贸易的主要部分。

从发展历程看，1990—2007年全球价值链贸易增长最为迅速。据世界银行测算，2008年全球价值链贸易已占据全球贸易52%份额，增长主要集中在机械、电子和交通行业，其中服务行业在全球价值链贸易中增长明显，成为全球价值链发展的重要特征。与此同时，发达经济体、新兴市场以及发展中经济体的参与度均显著上升。以贸易类型占GDP比重为衡量标准，世界银行将各国全球价值链参与类型分为四类，即商品贸易（主要为初级产品贸易）、有限的制造业、高端制造业和服务业以及创新活动。自20世纪90年代以来，东亚与欧洲一些国家逐渐向高端制造业和服务业价值链转移，发达国家一些小型开放经济体则从高端制造业和服务业转向创新型活动，非洲、中亚以及拉丁美洲大部分国家仍停留在商品贸易和有限的制造业价值链中。参与全球价值链是推动经济增长和扩大就业的重要手段。据世界银行测算，全球价值链参与率每增加1%，人均收入增长将超过1%，远高于标准贸易带来的0.2%收入增长。全球价值链也促进了就业增长，尤其为女性就业创造了更多的机会。

2008年国际金融危机后，受保护主义、技术变革、要素成本变化等多重因素影响，全球产业布局加快调整。各国努力降低对中间品贸易的依赖，逐步完善本土产业链供应链体系。具体表现在：一是劳动密集型制造业加快调整。随着土地、劳动等要素成本上升，我国沿海地区部分劳动密集型加工组装环节加快向低成本经济体转移，印度、越南、孟加拉国、柬埔寨、印度尼西亚、泰国、乌兹别克斯坦和埃塞俄比亚等国快速融入全球产业链分工。二是发达国家对长期产业空心化、制造业岗位流失现象予以校正，鼓励制造业回流，美国、日本、欧洲等均出现部分制造业企业回归本土，拉动本国制造业就业增长。三是多边贸易谈判成效有限，区域贸易合作快速推进，推动部分产业链供应链在区域内重新配置。

### （二）疫情冲击全球产业链供应链

新冠肺炎疫情导致全球生产和贸易大幅萎缩，并通过各国之间中间品贸易对全球价值链带来巨大冲击。受疫情影响，企业生产停滞、物流不畅，对制药、半导体、汽车制造等全球化程度较高的行业造成较大影响。全球供应链中断对全球经济供给端造成了严重负面影响，与2008年国际金融危机不同，新冠肺炎疫情从供应端和需求端同时影响全球生产和贸易活动，产业链、供应链面临较大挑战。

疫情充分暴露了全球产业链供应链的脆弱性，跨国公司更加重视供应链的多元化布局，产业链供应链本土化、区域化、分散化趋势可能加速演进。各国位于价值链不同生产制造环节的垂直专门化分工模式面临调整，靠近终端用户市场可能将成为影响传统制造领域投资决策的重要因素。

## 二、产业安全成为经济发展的重要考量因素

### （一）从效率优先到兼顾效率与安全

长期以来，跨国公司利用信息化、标准化等应用和管理技术，构建了复杂的产业链供应链，最大限度提高了效率和利润率，客观上也为各国积极参与全球产业链、实现互利共赢提供了机遇。随着全球价值链不断发展，许多产品的生产环节在全球布局，这种高度分工、密切配合的模式取得良好成效，推动了全球经济增长。但这种模式也存在某一环节生产中断对整个产业链造成严重影响的可能性。近年来发生的局部灾害、地缘政治冲突、经贸摩擦等对产业链

布局虽有冲击，但尚未引发链条大规模断裂。2011年3月日本大地震曾经破坏了日本制造业部分产能，导致全球电子产品供应链断裂，相关产业和国家受到较大影响，但几个月后冲击的影响被消化，原有产业链很快恢复平衡。

新冠肺炎疫情全球蔓延，导致物理空间隔断、物流停滞、人员流动受阻，全球产业链供应链在疫情冲击下受阻，引发各国对目前全球产业链布局模式风险的担忧。全球产业链、供应链密切相连，各国生产关系错综复杂，即使单个国家的疫情出现缓解，其生产活动仍可能从供需两端受到疫情尚未缓解国家的冲击。疫情的冲击沿产业链供应链被放大和延长，全球生产复苏牵一发而动全身。疫情引发了一些国家和跨国公司警惕供应链单一化带来的风险，产业链配置的逻辑将逐步由主要考虑生产效率，转向兼顾效率与产业安全。各国可能更加注重从保障经济安全需求出发，确保关键行业产业链供应链稳定，包括鼓励战略物资生产向本地集中，如保障公共健康安全的医疗健康产品、部分工业原材料；鼓励企业将关键产业供应链布局在周边地区等，全球价值链可能在效率和安全中趋向新平衡。

### （二）共同维护开放稳定安全的全球产业链

全球供应链的形成和发展，是市场规律下企业主动选择的结果、全球资源优化配置的结果，简单地人为调整或转移供应链不仅违背产业规律和效率原则，还将付出巨大成本。试图关起门来打造封闭、独立的产业链，既不符合市场经济规律，也不符合经济现实。经济全球化时代，产业链、供应链紧密联结，形成了“你中有我、我中有你”的格局。世界各国共同维护产业链、供应链稳定是维护世界经济稳定的关键。在这其中，中国产业链、供应链的稳定至关重要，不仅为世界经济复苏注入强大动力，更为打赢全球疫情防控阻击战作出重要贡献。《抗击新冠肺炎疫情的中国行动》白皮书显示，2020年3月1日至5月31日，中国向200个国家和地区出口防疫物资，其中，口罩706亿只，防护服3.4亿套，护目镜1.15亿个，呼吸机9.67万台，检测试剂盒2.25亿人份，红外线测温仪4 029万台，有力支持了相关国家疫情防控。

世界经济时有波折起伏，但各国走向开放、走向融合的大趋势没有发生根本性的改变。随着新一代信息技术革命推动新产业、新业态、新模式发展，全球产业链、价值链、供应链将不断延伸和拓展。在此背景下，更加需要加强与经贸伙伴的沟通协调，加强与供应链上下游企业的协作与互信，及时解决供应链上的难点堵点，进一步加强国际协调合作，共克时艰，共同维护全球产业链、供应链安全稳定。

## 第四节

# 数字经济国际合作机遇凸显，数字鸿沟亟待治理

习近平总书记指出，当今世界，网络信息技术日新月异，全面融入社会生产生活，深刻改变着全球经济格局、利益格局、安全格局。世界经济加速向以网络信息技术产业为重要内容的经济活动转变。要把握这一历史契机，以信息化培育新动能，用新动能推动新发展。要加大投入，加强信息基础设施建设，推动互联网和实体经济深度融合，加快传统产业数字化、智能化，做大做强数字经济，拓展经济发展新空间[1]。疫情期间，习近平总书记赴浙江考察时再次

---

[1] 在十八届中央政治局第三十六次集体学习时的讲话（2016年10月9日），《人民日报》2016年10月10日。

强调，要抓住产业数字化、数字产业化赋予的机遇，抓紧布局数字经济[1]。

## 一、数字技术推动产业融合成为经济发展新动能

### （一）全球数字经济蓬勃发展

进入21世纪以来，以物联网、云计算、大数据、移动互联网、人工智能、区块链为代表的新一代数字信息技术取得突破性进展，并催生基于数据获取、传输、存储、处理、应用的一系列新产业、新业态、新模式，与此同时，数字技术在经济社会中快速扩散和突破应用，推动产业加快融合，催生数字经济不断发展壮大，成为经济发展新动能。

尽管数字经济在国际上还没有统一测算体系，但相关数据已显示出在传统经济增长乏力的形势下，全球数字经济蓬勃发展，数字贸易日趋活跃，日益成为推动世界经济增长的重要动力，有力支撑了世界经济稳步发展。联合国贸易和发展会议在《2019年数字经济报告》中指出，根据定义的不同，数字经济的规模估计在全球GDP的4.5%～15.5%之间；2018年可数字化交付的服务出口达到2.9万亿美元，占全球服务出口的50%。中国信息通信研究院在《全球数

[1] 在浙江考察时的讲话（2020年3月29日–4月1日），《人民日报》2020年4月2日。

字经济新图景（2019年）——加速腾飞 重塑增长》报告中对47个国家的数字经济进行了测算，结果显示2018年47个国家数字经济总规模超过30.2万亿美元，占GDP比重高达40.3%。其中38个国家数字经济增速显著高于同期GDP增速；美国数字经济规模蝉联全球第一，达到12.34万亿美元，中国依然保持全球第二大数字经济体地位，规模达到4.73万亿美元，德国、日本、英国、法国数字经济规模分别达到2.40万亿美元、2.29万亿美元、1.73万亿美元和1.15万亿美元。据中国科技体制改革研究会、中国移动通信联合会区块链专委会、数字岛研究院共同编写的《2019—2020中国城市数字经济发展报告》，2019年全球主要国家中有30余个国家的数字经济增速显著高于本国同期GDP增速，数字经济成为应对经济下行风险的关键。

数字经济已成为拉动我国经济增长的重要动力。数字产业化增势稳定、结构优化，我国已建成全球较为领先的信息基础设施，移动通信等优势领域实现全球同步，云计算、人工智能等新兴领域紧跟全球先进水平且潜力巨大。产业数字化成为数字经济主要引擎，公共服务数字化转型加速，工业数字化正在释放潜力。根据中国信息通信研究院最新统计数据，2019年我国数字经济增加值规模达到35.8万亿元，数字经济名义增长率15.6%，高于同期GDP名义增速7.85个百分点。数字经济在国民经济中的地位进一步凸显。

### （二）数字经济助力疫情防控及经济复苏

面对突如其来的新冠肺炎疫情冲击，数字经济在全球疫情防控和稳定经济社会发展方面均显示出重要作用，也因疫情而加速发展。世界经济论坛盘点了新冠肺炎疫情对数字经济的影响，认为数字支付、远程医疗和机器人等10大关键技术的发展趋势都有所加快，而这些技术有助于遏制病毒传播，同时帮助企业保持运转，让社会更具韧性。全球资讯机构BDO指出，数字经济在新冠肺炎大流行期间，通过支持远程工作、电子商务、数字内容消费、平台化运作、数字化健康方案等五方面帮助经济社会维持运转。疫情导致远程工作的比例大幅提升，各种支持在线办公的工具也不断涌现。更多企业和组织依靠线上平台运作，在线学习、大型会议几乎全部以云视频方式进行。实体商店的大面积关闭促使消费者转向网络购物，生鲜配送需求量大增，实体–线上整合重要性进一步提升。居家隔离使人们更多依靠数字内容满足娱乐需求，51%的全球互联网用户在疫情期间对流媒体服务的消费增加，流媒体服务商奈飞（Netflix）2020年第一季度全球新增用户1 600万，许多电影从线下到线上放映的间隔时间明显缩短。疫情还推高了卫生系统数字化程度，远程诊疗更为普及，3D打印加速个人防护设备等关键医疗物资生产，数字化的接触追踪手段在东亚地区有效帮助了疫情防控，欧洲也正在推广类似方法。

世界经济论坛研究显示，疫情正在加速数字商务的增长，随着传统商品和服务贸易的减少，数字商品和服务贸易重要性将与日俱增。疫情暴发后，跨境电子商务呈指数级增长，预计2020年全球数字支付市场增长11%。随着全球疫情防控趋向长期化，各国更加意识到数字经济的独特性、便捷性，数字化转型已成为推动经济复苏的重要选项。数字经济对就业吸纳、消费迭代、产业升级、服务业和制造业融合发展、国际竞争力提升等都有显著正向影响，向各个领域的渗透随着疫后复苏将进一步加快。

## 二、解决国家间数字鸿沟问题的难度和复杂性上升

### （一）疫情进一步暴露国家和社会群体之间的数字鸿沟

解决国家间数字鸿沟一直是联合国、经合组织、二十国集团等全球治理平台和对话机制重点关注的议题。2019年二十国集团大阪峰会《数字经济宣言》指出，数字化在为社会带来巨大效益的同时，也引起了一定的担忧。应对数字鸿沟问题，应致力于采取以证据为基础的政策方法，同时努力改进对数字经济的衡量指标，使创新技术能够得到尽可能广泛的接纳和使用。各国应当携手努力，增进社会对数字经济的信任，利用数字化带来的益处，有效应对相关风险挑战。

新冠肺炎疫情加速数字经济发展，同时也进一步暴露了不同国家和社会群体之间的数字鸿沟。联合国贸易和发展会议2020年4月发布研究报告指出，新冠肺炎疫情进一步拉大了互联网连接者与非连接者之间的差距，数字化转型方面的不平等妨碍了世界大部分地区数字技术利用能力，对全球发展产生重大影响。疫情期间，不同

国家间的数字鸿沟在居家办公、在线购物和远程教育三个方面表现得尤为明显。一方面，发达国家和部分新兴经济体的数字平台蓬勃发展，积极开展远程医疗、远程工作和在线教育，生活娱乐新方式不断涌现。另一方面，部分最不发达国家由于缺少上网设备或无法支付高昂的数据费用，经济状况较差的人无法采取远程办公等数字化应对方式，将在照常上班过程中增加感染风险，在隔离期间无法通过互联网和电子商务满足生活需求，“能否上网”问题成为“生死存亡”的关键。据联合国教科文组织数据，全球约3.63亿儿童和青少年受新冠肺炎疫情影响不能正常上课，原本的教育不平等被“数字鸿沟”进一步放大。疫情期间，部分地区的数字化应用能力明显不足，数据汇聚和共享程度较低，很难运用数字技术开展疫情研判、精准施策等工作。

### （二）弥合数字鸿沟面临多重挑战

后疫情时代，全球数字经济不平等趋势可能继续存在并加剧，数字鸿沟将成为影响全球经贸格局和国际竞争力的重要因素，难以进入数字轨道的国家后发劣势将进一步显现。加强国际数字经济合作、缩小数字鸿沟的共识更趋强化，迫切性更加突出，世界各国需要携手迎接数字化机遇并共同应对相关挑战，包括制定新的政策和法规，以弥合正在扩大的数字鸿沟，提升数字经济的普惠性和包容性，使更多国家能够享受数字红利。

弥合全球数字鸿沟的先决条件是保障信息通信技术连接。各国亟须在通信基础设施建设、通信网络升级改造、通信技术人才培养等方面开展协调合作，让所有人都能享受全球数字经济红利。同时，各国应科学制定有利于数字经济发展的政策、法律和规章，加强国际数字经济合作，推动确立全球数字规则和统一标准。当前全球数字规则协商主要集中在世界贸易组织主导的数字贸易谈判，但进展不尽如人意。一是缺乏对数字贸易内涵的统一认定，各方对数字贸易内涵认知差异较大，导致提出的数字贸易规则内容和标准存在巨大差异，严重影响了全球统一的数字贸易规则体系的形成。二是现行多边体系尚未对第五代移动通信（5G）网络、工业互联网设备等数字基础设施建设制定公平透明的国际规则和标准体系，不利于全球数字基础设施的改善。三是各方在数据跨境自由流动的立场难以协调，相关规则制定工作进展十分缓慢。四是全球数字平台的集中整合加剧数字不平等，数字经济应用场景被少数平台主导，需要警惕发展中国家可能沦为单纯的数据提供者同时又必须为使用数字服务付费的趋势。目前看，受疫情冲击影响，逆全球化思潮加剧、国际经贸规则碎片化、多边贸易体制面临挑战增多，构建全球数字规则、弥补国家间数字鸿沟问题的难度和复杂性将进一步上升，促进全球数字经济包容可持续发展任重道远。

## 第五节

# 全球公共卫生安全治理的重要性显著提升，促进全球协同治理的紧迫性上升

疫情发生以来，习近平主席与几十个国家领导人及国际组织负责人通电话、见面或致慰问电。在全球抗击新冠肺炎疫情的关键时刻，习近平主席在第73届世界卫生大会视频会议开幕式发表致辞，站在构建人类卫生健康共同体的高度，提出全力搞好疫情防控、发挥世界卫生组织领导作用、加大对非洲国家支持、加强全球公共卫生治理、恢复经济社会发展、加强国际合作六点重要倡议，呼吁各国携起手来，共同佑护各国人民生命和健康，共同佑护人类共同的地球家园，共同构建人类卫生健康共同体。团结合作的中国主张在全球引发广泛共鸣，对提振全球抗疫信心、推进国际抗疫合作、完善全球治理体系具有

重要意义[1]。

## 一、全球公共卫生安全关乎人类生存发展

人类文明进程中一直面临疾病威胁，鼠疫、天花、霍乱、埃博拉、流感、登革热、黄热病、疟疾等给人类经济社会发展带来巨大损失。过去几十年里，新发、再发传染病的暴发频率和对人类社会的冲击影响呈上升趋势，全球突发卫生事件的风险日渐增大。世界卫生组织2007年出版的《构建安全未来21世纪全球公共卫生安全》报告指出，相互依赖和相互关联的世界为传染病的快速传播创造了机会。传染病不仅传播速度快，而且20世纪70年代以来，新发传染病以空前的、每年新增一种或多种的速度被发现。在过去5年里，世界卫生组织还在全世界范围内核实了超过1 100起疾病流行事件。

自2002年非典型性肺炎（SARS）暴发后，国际关注的突发公共卫生事件频发（见表4–3）。2020年新冠肺炎疫情暴发，在3个月内迅速波及全球210多个国家和地区，影响了将近70亿人口的正常生活和工作，严重威胁人类生命安全和健康。新冠肺炎疫情传播范围之广、速度之快、破坏性之强、影响之深远，把公共卫生安全

[1] 在第73届世界卫生大会视频会议开幕式上的致辞（2020年5月18日），《人民日报》2020年5月19日。

问题在全球治理议题中的地位推到了前所未有的新高度，公共卫生安全在各国政府和国际组织议程中的重要性和优先性显著提升。当前，疫情对世界经济增长、人类生命健康安全和生活方式、社会发展等方面的冲击仍在不断发酵，考验各国执政党和政府，以及国际组织决策管理者的治理能力，也检验全球公共卫生安全治理体系和机制的效能。

表4–3　世界卫生组织突发事件委员会宣布的“国际关注的突发公共卫生事件”

| 时　间 | 事件描述 |
| --- | --- |
| 2009年<br>H1N1流感大流行 | 2009年4月26日，H1N1流感（猪流感）首个案例出现一个月后，世界卫生组织宣布其为“国际关注的突发公共卫生事件”。 |
| 2014年<br>脊髓灰质炎疫情<br>（小儿麻痹症） | 2013年底脊髓灰质炎开始在中亚、中东、中非三个地区传播，世界卫生组织认为这是脊髓灰质炎在野生脊灰病毒几近根除后的复活，是“非常事件”，5月宣布疫情为“国际关注的突发公共卫生事件”。 |
| 2014年<br>西非埃博拉疫情 | 2014年3月，几内亚和利比里亚宣布确诊了埃博拉出血热，随后塞拉利昂出现确诊病例，8月世界卫生组织宣布蔓延西非的埃博拉疫情构成“国际关注的突发公共卫生事件”，2016年3月取消。 |
| 2016年<br>寨卡病毒疫情 | 2016年2月，世界卫生组织宣布通过蚊虫叮咬传播的寨卡病毒疫情为“国际关注的突发公共卫生事件”，疫情暴发重点地区在美洲，受寨卡病毒影响的地区出现小头症、吉兰–巴雷综合征等其他神经疾患。11月突发事件委员会认为，寨卡病毒及其相关后果仍然是一个长期、重大公共卫生挑战，需要采取强有力行动，但按照《国际卫生条例》的定义不再属于国际关注的突发公共卫生事件。 |
| 2018—2019年<br>刚果埃博拉疫情 | 在2018年8月刚果暴发埃博拉出血热，2019年6月蔓延至邻国乌干达，7月世界卫生组织宣布刚果民主共和国（DRC）的埃博拉病毒病（EVD）暴发升级为“国际关注的突发公共卫生事件”。2020年4月，当地时间10日，世界卫生组织总干事谭德塞表示，刚果（金）新发现1例埃博拉确诊病例，始于2018年的瘟疫仍未结束。 |

续表

| 时　间 | 事件描述 |
| --- | --- |
| 2020年新型冠状病毒肺炎疫情（COVID-19） | 2020年1月，世界卫生组织总干事宣布新冠肺炎疫情构成国际关注的突发公共卫生事件，并接受了委员会的建议，将其作为《国际卫生条例（2005）》下的临时建议发布。3月11日，世界卫生组织总干事表示，新冠肺炎疫情已具备全球“大流行”特征。 |

注：依据2005年《国际卫生条例》，在2002年SARS暴发后成立世界卫生组织突发事件委员会。相关事件都是临时性的，需要每三个月进行一次复核。

资料来源：根据世界卫生组织资料整理。

## 二、全球公共卫生安全协同治理机制亟须完善和增强

19世纪以来，随着人们对贸易、旅游与疾病传播关系的认识不断深入，国家之间采取合作的方式来防范和应对跨越国界的健康问题成为国际共识。1851年第一届国际卫生大会在巴黎召开，揭开了现代意义上国际公共卫生合作的序幕。1948年世界卫生组织成立，标志着以世界卫生组织为核心协调各国开展公共卫生安全等领域合作的制度化和机制化。

作为卫生安全领域最大的全球性多边组织，世界卫生组织充分发挥着全球卫生治理职能，也是国际社会进行疾病防控的中心力量。新冠肺炎疫情暴发后，世界卫生组织充分运用其专业优势和卫生技术权威，为全球疫情防控提供科学风险警示、防控手段和诊疗标准建议，全力协调国际社会抗击疫情，特别是为卫生能力脆弱的发展中国家提供了重要的技术指导，有效提升其应对突发公共卫生

事件的能力。例如在非洲出现确诊病例后，世界卫生组织任命2名特使，专门为非洲新冠肺炎疫情防控提供战略咨询，并帮助确定非洲优先防控国家，提供检测试剂盒，为非洲卫生人员开展新冠肺炎疫情相关在线课程培训。同时，世界卫生组织还发挥着重要的领导协调作用，是全球抗疫合作不可替代的“国际协调者”。为抵制谣言和虚假信息的传播，世界卫生组织采取了前所未有的协调行动，正视听、明是非，为全球合作抗疫营造客观积极的舆论环境。世界卫生组织还与世界银行和国际货币基金组织合作，评估新冠肺炎疫情的潜在经济影响，制定应对措施，提出政策建议。

中国始终坚持多边主义，支持世界卫生组织发挥领导作用，同世界各国和其他国际组织积极开展高层沟通，分享疫情信息和防控经验，推动诊疗药物、疫苗研究、病毒溯源等方面的科研合作，并为国际组织和其他国家提供力所能及的援助，提升共同应对全球公共卫生危机的能力。中国已向世界卫生组织提供两批共5 000万美元现汇援助，并将在两年内提供20亿美元国际援助，支持受疫情影响的国家特别是发展中国家抗疫斗争以及经济社会恢复发展，为全球抗击新冠疫情贡献中国智慧、中国力量。

在疫情防控中，其他国际组织、非政府组织和相关机构与世界卫生组织相互协同，共同为维护全球公共卫生安全贡献了重要力量。为加强新冠肺炎疫情的全球联防联控，二十国集团举行历史上首次领导人视频峰会并发表《二十国集团领导人应对新冠肺炎特别峰会声明》，协调应对健康危机和经济危机，加强国际宏观经济政策协调。国际货币基金组织向寻求援助的低收入和新兴市场国家提供总额约500亿美元的贷款。

此次新冠肺炎疫情在全球迅速蔓延，对现有全球公共卫生安全治理提出了挑战，也暴露了全球协同治理机制在实际执行中的短板和不足。一是作为全球最重要的多边卫生合作机制，世界卫生组织有待进一步提升领导力及协调力，进一步提高应对全球突发公共卫生危机的响应速度、整合协调机制等。二是共识互信不足，部分国家将疫情政治化、病毒标签化，不同国家由于文化习俗、卫生体系、国情民意等多重因素，在认识上、原则上、行动上对国际协同应对疫情存在差异。三是存在疫情防控洼地，部分国家卫生防疫系统、专业化疾控知识、危机管理能力较为薄弱，缺乏对卫生系统建设和公共产品研发、供给的长期投入。为更好应对当前疫情及今后可能发生的全球重大突发公共卫生事件，必须坚定捍卫国际多边主义，健全完善惠及全人类、高效、可持续的全球公共卫生体系和全球公共卫生安全治理机制，加大长期投入，提升全球协同治理的效能。

# 第五章

# 大变局下我国发展面临的机遇和挑战

当前，我国自身发展已成为推动世界格局变化的最重要因素之一，有必要科学把握我国与世界的互动关系，树立正确的历史观、大局观、角色观，研判世界百年未有之大变局下我国经济发展面临的机遇和挑战。

## 第一节

# 世界和平与发展仍为我国发展提供重大机遇，但维护和用好重要战略机遇期挑战增多

习近平总书记指出，当今世界正经历百年未有之大变局，但和平、发展、合作、共赢的时代潮流没有变[1]。和平与发展仍是时代主题，并继续构成我国发展重要战略机遇期的重要条件。与此同时，随着全球大国竞合关系更加复杂多变，保护主义、单边主义、民粹主义不断上升，霸权主义和强权政治时有反复，我国发展重要战略机遇期的内涵和条件发生深刻变化，动荡源和风险点显著增多。

---

[1]《习近平同巴西总统博索纳罗会谈》(2019年10月25日)，《人民日报》2019年10月26日。

## 一、世界和平与发展仍为我国发展提供重大机遇

2018年12月，中央经济工作会议指出，世界面临百年未有之大变局，变局中危和机同生并存，这给中华民族伟大复兴带来重大机遇。要善于化危为机、转危为安，紧扣重要战略机遇新内涵，加快经济结构优化升级，提升科技创新能力，深化改革开放，加快绿色发展，参与全球经济治理体系变革，变压力为加快推动经济高质量发展的动力。2020年7月30日，习近平总书记在中央政治局会议上指出，当前和今后一个时期，我国发展仍处于战略机遇期，但机遇和挑战都有新的发展变化。这一关于我国发展重要战略机遇期的论断具有重要的理论和现实意义，是党中央在明确我国发展仍处于重要战略机遇期的基础上，全面分析新时代我国发展的国内外形势和重要任务作出的科学判断。

和平与发展时代主题是我国发展重要战略机遇期的重要支撑条件和思想来源。1969年，党中央对国际形势进行研判，经过反复酝酿、通盘考虑，形成了《对战争形势的初步估计》《对目前局势的看法》等报告，认为在可预见的时期内，美国、苏联单独或联合发动大规模对华战争的可能性不大。这为此后转圜中美关系、运筹国际格局、打开发展新局面奠定了重要基础。改革开放以后，党中央根据国际形势的发展变化提出和平与发展是时代主题的论断，为重要战略机遇期思想提供了理论准备。党的十三大把和平与发展是当

代世界的主题作为构成建设有中国特色的社会主义理论轮廓的十二个基本观点之一，并形成了“当前国际形势对我国社会主义现代化建设有利”的重要判断。党的十六大在我国成功实现现代化建设前两步目标基础上，综合把握经济全球化和世界多极化曲折发展、科技进步日新月异、“9・11”恐怖袭击事件后中美关系调整、我国成功加入世界贸易组织、国民经济摆脱通货紧缩进入新的上升周期等新形势新变化，作出了“综观全局，21世纪头二十年，对我国来说，是一个必须紧紧抓住并且可以大有作为的重要战略机遇期”的重要论断，并在此基础上明确提出21世纪头二十年全面建设惠及十几亿人口的更高水平的小康社会的奋斗目标。

2018年9月3日，习近平主席出席中非合作论坛北京峰会开幕式时指出，当今世界正在经历百年未有之大变局。世界多极化、经济全球化、社会信息化、文化多样化深入发展，全球治理体系和国际秩序变革加速推进，新兴市场国家和发展中国家快速崛起，国际力量对比更趋均衡，世界各国人民的命运从未像今天这样紧紧相连。各国相互联系和相互依存已经达到前所未有的广度和深度，越来越成为相互依存、你中有我、我中有你的命运共同体，大国之间爆发战争的可能性很小，和平、发展、合作、共赢仍是时代潮流。只要不发生大规模世界战争，只要各国仍在积极谋求国际合作，重要战略机遇期的基本条件就还在。世界多极化和国际关系民主化有利于我国更好发挥自身优势，有效运筹国际关系，反对霸权主义和强权政治，通过引导和推动国际格局朝着于我有利方向发展，更好维护我国发展的重要战略机遇期。

## 二、大变局下动荡源和风险点显著增多，维护和利用好重要战略机遇期挑战增多

新冠肺炎疫情引发全球性公共卫生危机加速蔓延，大国间战略竞争博弈加剧、地缘政治风险上升、石油等大宗商品价格波动、国际金融市场震荡等风险相互交织、彼此联动，导致世界经济下行压力增大，不稳定性不确定性更加凸显。疫情加速百年未有之大变局的演进和变化，强化国际格局演变总体趋势，冲击全球自由贸易体系，导致全球治理体系更趋碎片化。国际格局向一超弱化、多极分化方向加速发展，为我统筹国内国际两个大局，维护和利用好重要战略机遇期带来新的机遇和挑战。

自2018年以来，朝鲜核问题有所转圜，但依然存在激化风险。南海局势虽有所缓和，但所谓“自由航行”问题仍在频频发酵。美国力推“印太战略”，实施“蓝点网络”计划，对我维护周边环境稳定构成严峻挑战。继2017年中印军队洞朗对峙事件之后，2020年5月以来印度在中印边界实控线西段加勒万河谷地区频繁制造事端，引发军队摩擦和人员伤亡事件，对中印关系造成负面影响。在动荡源和风险点不断增多的背景下，维护和利用好我国发展的重要战略机遇期需要更多智慧谋划。

## 第二节

# 经济全球化深入发展于我有利，但保护主义盛行也倒逼加快构建完备内需体系

习近平总书记指出，世界多极化、经济全球化势头不可阻挡[1]，特别是新世纪以来一大批新兴市场国家和发展中国家快速发展，国际格局日趋均衡，国际潮流大势不可逆转[2]。各国经济相通则共进，相闭则各退。深度参与经济全球化，反对保护主义，维护加强多边贸易体制，引导经济全球化朝着更加开放、包容、普惠、平衡、共赢方向发展，是我国实现经济高质量发展的必由之路。当前，日益频发的全球性挑战不容忽视，“逆全球化”和各种形式的

[1]《开创中阿关系新时代》（2018年11月28日），《人民日报》2018年11月29日。
[2] 在中央外事工作会议上的讲话（2018年6月22–23日），《人民日报》2018年6月24日。

保护主义风潮仍将在一段时间内持续甚至升级，须加快构建完备内需体系以应对保护主义对我国经济的负面影响，为我国更高水平参与并引领经济全球化深入发展提供重要支撑。

## 一、参与经济全球化有利于我国经济提质增效

### （一）有利于我国供给质量跃升

我国正处在由较低层次供需平衡向中高层次供需平衡跃升的关键时期，存在着低端供给相对过剩，中高端供给相对不足的结构性矛盾。其根本原因在于，我国既面临先进设备等物化资本、高素质人才等高端生产要素相对不足的制约，也存在技术创新能力不强、经营理念相对落后等挑战。解决这一矛盾只能通过深度参与经济全球化来实现。积极扩大与世界各国，特别是美欧日等发达经济体合作，加速引进先进制造业和现代服务业领域的跨国公司以及高素质人才等高端生产要素，并扩大体现物化资本和技术的高端生产设备、关键零部件进口，有利于提升我国生产要素和中间投入品的质量，进而提升产品和服务供给层次，在更高层次、更高水平上融入国际分工体系。进口高品质消费品和服务短期内看似会对本土企业带来一定冲击，但从长远看有利于推动本土企业在公平竞争中提升研发能力、改善产品质量，也有利于提升我国的供给质量。

### （二）有利于我国需求结构升级

我国居民消费正由传统的模仿式、排浪式、生存型消费模式向个性化、多样化、发展型消费模式转变，对健康饮食、医疗康复、信息通信、文化创意等领域优质特色商品和服务的潜在需求巨大。深度参与经济全球化，有利于引进高端要素和先进设备，促进供给质量提升，将广大消费者对更高品质、更高层次商品和服务的潜在需求转化为实际消费，实现供需平衡向更高层次跃升。短期内我国国内供给在技术、创意、营销模式等方面仍然存在短板，医疗健康、文娱体育等领域相当一部分商品和服务并不具备比较优势。通过扩大高品质特色商品和服务的进口，能够直接推动消费需求升级，使国内消费者享受种类更丰富、价格更实惠、购买更便捷的进口商品。

### （三）有利于构建更高水平开放型经济新体制

改革与开放相互促进、共同发展，是我国跃升为开放型经济大国的基本经验，是社会主义现代化建设的活力之源，也是当代中国最鲜明的特色。改革和开放相辅相成、相互促进。深化改革为扩大开放创造体制基础和内在条件，扩大开放为深化改革提供重要经验借鉴和活力源泉。当前，随着新技术革命的迅速发展和我国对外开放水平的持续提升，开放型经济的新模式、新业态不断涌现，传统的对外开放体制已经不能完全适应开放型经济的发展，迫切要求由传统的商品和要素流动型开放向制度型开放转变，构建更高水平的开放型经济新体制。当前，经济全球化已进入模式调整期和动力转换期，国际经贸规则高标准广覆盖特征日益明显。更高层次、更深程度参与全球经济合作，是我国吸收借鉴国际成熟市场经济制度经验，加快国内制度规则与国际接轨，以高水平开放促进深层次市场化改革，构建更高水平开放型经济新体制的必由之路。

### （四）有利于国内国际双循环相互促进

一方面，在更高层次融入国际循环是优化国内大循环的必要条件。从供给侧看，只有高水平集聚全球高端要素，持续提升在全球创新合作中的位置，才能不断推动我国向更高层次的供需平衡跃升。从需求侧看，只有融入世界体系，全面对接国际高端需求，才能加速推动国内供给质量的提升。另一方面，国内大循环和国际循环不应也不可能完全独立。彻底封闭的国内循环体系是没有生命力的，国内大循环只有和国际循环相互交融、共同发展，才能逐渐做强做优。特别是研发、品牌营销等高端服务环节已经成为我国构建国内国际双循环的“短板”，必须进一步推动开放型经济发展，通过扩大利用外资、引进高端技术人才，有效提升我国在这些“短板”方面的竞争力，才能真正形成以国内大循环为主体、国内国际双循环相互促进的新发展格局。

## 二、加快构建完备内需体系的紧迫性显著上升

### （一）世界经济疲弱对我国经济的负面影响正逐步显现

“十四五”前期世界经济或将维持低速增长态势，出口对我国经济增长的贡献很可能将持续处于较低水平。国内投资需求也将受到间接的负面影响。虽然我国正努力向全球价值链中高端环节延伸，但汽车发动机、高端机械设备、医疗器械、仪器仪表、集成电路以及部分精细化工材料等重要设备和关键原材料仍然严重依赖进口。一旦相关国家相关产业受新冠肺炎疫情等影响出现较长时间停工，我国汽车、机械、化工、航空航天乃至电子信息等产业均可能出现较为严重的“断供”现象，相关行业企业的投资意愿和投资能力也会受到严重影响，导致投资增速显著放缓。

### （二）我国以传统模式拓展外需将面临更多困难挑战

长期以来，融入垂直专门化分工是我国参与经济全球化的主要方式。凭借在劳动力、土地、产业配套等方面的综合优势，我国承接了电子信息、汽车、服装、鞋帽等行业价值链的最终产品生产环节，成为全球最大的制造业基地。然而，随着要素成本持续上升，我国在相关环节的比较优势已明显下降。随着跨国公司将生产制造基地进行分散化、多元化布局，东南亚、南亚等新兴市场在承接产

业转移方面将面临更多机遇，美国、欧盟等发达经济体也纷纷出台措施吸引制造业回流，我国以传统模式拓展外需困难加大。我国的“世界工厂”地位将面临更大的“上压下挤”压力。同时，新冠肺炎疫情促使各国特别是主要经济体内顾倾向增强，将国家安全优先于经济发展，越来越多地运用技术壁垒甚至关税等手段，限制与经济安全密切相关的商品贸易，进一步收紧外资安全审查以实现对先进技术和关键企业的封锁与保护，这都将对我国拓展外需带来挑战。

### （三）扩大内需的重要性显著上升

外需和内需对我国经济高质量发展都必不可少，但不同时期重要程度存在明显差异。我国加入世界贸易组织后的一段时期内，世界经济整体较快增长，我国具有比较优势的IT、纺织服装等行业国际需求增量显著大于国内需求增量，扩大出口既有效拉动了经济增长，也使我国融入全球经济体系、提升自身核心竞争力。“十四五”时期，外需对于我国培育参与国际合作和竞争的新优势仍然具有重要意义，但受制于新冠肺炎疫情之后世界经济整体疲弱的大背景，难以成为我国经济高质量发展的最主要支撑力量。同时，随着我国中等收入群体规模显著增长、城乡区域差距缩小和城镇化率持续提升，我国内需潜力将不断释放，将成为“十四五”时期我国经济高质量发展的关键动力。因此，从维护经济发展和社会稳定大局出发，“十四五”时期我国迫切需要加快推动内需扩量提质，将内需潜力转化为经济发展动能，为经济高质量发展奠定坚实基础。

## 第三节

# 新一轮科技革命和产业变革为我提供“换道超车”机遇，但“卡脖子”、竞争加剧等挑战也不容忽视

习近平总书记指出，新一轮科技革命和产业变革为实施创新驱动发展战略提供了难得的重大机遇，机会稍纵即逝，抓住了就是机遇，抓不住就是挑战。我们必须增强忧患意识，敏锐把握世界科技创新发展趋势，紧紧抓住和用好机遇，不能等待、不能观望、不能懈怠[1]。当前，我国的科技创新能力较改革开放初期有了巨大提升，初步具备了把握新技术革命机遇实现“换道超车”的条件，但也面

[1] 在十八届中央政治局第九次集体学习时的讲话（2013年9月30日），《人民日报》2013年10月2日。

临不少新挑战，其对我国科技创新、对外开放和经济发展模式提出了新要求。

## 一、新一轮科技革命和产业变革为我国高质量发展提供了重要机遇

科学技术发展是关系大国兴衰更替的重要因素，哪个国家在产业中占据领先位置，在国际竞争中也会处于明显有利的地位。工业革命发生前，我国经济、科技、文化长期位列世界第一方阵。近代以后，在欧洲发生工业革命、世界发生深刻变革的重要时期，我国错失了与世界共同进步的历史机遇。当前，新一轮科技革命和产业变革尚处于“萌芽期”，新科技、新技术、新产品、新业态等正逐步形成。作为后发国家，我国有条件抓住新科技革命提供的难得历史机遇“换道超车”，实现高质量发展，持续增强国际竞争力。

### （一）新产业变革为我国赶超发达国家提供机遇

我国在部分新技术方面与发达国家差距不大，如纳米等技术，甚至位于同一起跑线。同时，我国在创新要素数量、举国研发体制、市场潜在规模、技术应用场景等方面具有优势，有可能在新科技革命和产业变革中率先发力，在新一轮全球竞争中脱颖而出，形成引领世界的科技成果和创新产业，实现对发达国家的赶超。

### （二）新产业变革为我国转变经济发展方式提供机遇

一方面，新产业变革将催生一批新产业、新服务、新业态，优化提升产业结构，通过增加新供给创造新需求，实现我国增长动能的转换。另一方面，新产业变革更强调科技创新的作用，将加快实施创新驱动战略，提升我国全社会科技投入水平，提高技术创新在经济增长中的贡献率。

### （三）新产业变革为我国提高发展的质量和效益提供机遇

人工智能技术和智能制造等将进一步使人从体力工作中解放出来，充分释放人的脑力，大大提高生产力；增材制造、智慧物流等技术可减少单位产出的能源资源消耗强度，有助于提高发展的质量和效益。此外，新产业变革推动数字经济发展，实现信息和知识共享，加强协作和数字化赋能，将大大增加社会财富，也有助于解决区域、城乡发展不平衡问题，实现更公平的发展。

### （四）新产业变革为更好满足人民对美好生活的向往提供机遇

定制化生产可以满足消费者多样化个性化需求，智能化自动化生产可以提高产品的质量和安全性，有助于加快消费升级。绿色节能环保技术可以减少生产和消费过程中碳和污染物排放，有利于提高人民群众的生活品质。干细胞、基因疗法等生物医药技术的发展，不但能延长寿命，更能提高健康生活质量，是高质量发展的重要内容。

## 二、未来一段时期“卡脖子”和竞争加剧等挑战还将增多

### （一）“卡脖子”问题日益严峻

改革开放以来，我国与发达国家逐渐形成了相互依存、紧密复杂的分工关系，在集成电路、信息通信、高端生产装备、基础软件、互联网等多个领域，相当一部分先进零部件、原材料、设备和技术等依赖从发达国家进口。我国已成为全球产业链的重要组成部分，但仍处于国际分工体系的中低端。随着我国加快向全球产业链中高端跃升，同发达国家竞争关系逐渐增强。美国等一些发达国家出于战略等考虑，通过将我国高科技企业列入“实体清单”等方式，限制先进技术、产品、设备等对我出口，甚至通过“长臂管辖”限制第三国对我出口。由于“卡脖子”技术受制于人，冲击我国产业链供应链安全，我国企业面临断供停产的风险，削弱了我国在全球的比较优势。

### （二）我国“世界工厂”地位将可能受到冲击

20世纪90年代经济全球化加速发展，全球分工的精细化程度

不断加深，全球分工范围不断扩大，我国把握历史机遇扩大对外开放，发挥比较优势，积极承接发达国家产业转移，逐步发展成为“世界工厂”，是经济全球化的受益者。新科技革命和产业变革有可能冲击影响这一过程。例如，智能制造使小规模、个性化、柔性化生产成为可能，生产选址将更贴近消费市场，这将导致生产转向本地化、区域化，我国出口竞争可能加剧、出口市场规模可能相对缩小。

### （三）可能引发较大就业压力等新挑战

2012年以来我国劳动人口（16 ～ 59岁）数量持续下降，但2019年仍有8.96亿人，保持就业稳定一直是优先任务。新科技革命和产业变革带来的人工智能技术，将大大提升生产生活的自动化程度，不但制造业“机器换人”越来越普遍，甚至在服务业中，无人机快递、服务机器人等也已经出现，替代人工的趋势将不可避免，不少传统工作岗位将消失。与此同时，生物医药技术的突飞猛进，有望延长健康工作的年限，可能进一步加大就业压力。新科技革命和产业变革还可能扩大收入分配差距，引起新的社会不公平。

## 第四节

# 共建“一带一路”倡议带动经贸投资潜力持续释放，但维护产业链供应链安全的复杂性也在上升

习近平总书记指出，中国提出“一带一路”倡议，是对多边主义和国际合作的重要贡献[1]。以“一带一路”为重点的全面开放新格局逐步成型，丰富和完善了中国特色的改革开放理论、方法与路径，为我国应对世界百年未有之大变局提供了坚实基础。但部分共建“一带一路”国家的政治不稳定性、经济落后性和文化差异性，也给我国维护产业链供应链安全带来了挑战。

[1] 在会见“元老会”代表团时的讲话（2019年4月1日），《人民日报》2019年4月2日。

## 一、共建“一带一路”国家发展潜力巨大有利于做大经济合作蛋糕、实现共同发展

2013年，我国提出共建“一带一路”倡议，旨在实现各国互利共赢、共同发展。倡议的提出兼顾了各方利益、顺应了各方诉求，同联合国《2030年可持续发展议程》在目标、原则、实施路径上高度契合，得到国际社会积极响应和支持。2019年4月，第二届“一带一路”国际合作高峰论坛在北京成功举行，各方一致同意推动高质量共建“一带一路”，秉持共商共建共享原则，坚持开放、绿色、廉洁理念，实现高标准、惠民生、可持续目标，构建全球互联互通伙伴关系，并将共建“一带一路”同落实联合国《2030年可持续发展议程》有效对接，统筹协调好经济、社会、环境之间关系，走绿色、低碳、可持续发展之路。在共建“一带一路”国际合作框架下，我国与相关国家在基础设施、能源资源以及产能对接等领域的合作不断加强。

共建“一带一路”国家拥有丰富的资源和劳动力、巨大的发展潜力，将促进“一带一路”建设行稳致远，创造巨大的贸易投资机会。中国的对外投资和产能与基础设施建设合作，加快了有关国家工业化进程，促进了当地民生改善和经济社会发展。共建“一带一路”国家原油、天然气、煤炭、铁矿石、铜、铝土矿、黄金储量在世界占有重要比重，与我国互补性强。同时，共建“一带一路”国

家人口占全球总人口的63%，人口总量超过40亿。特别是其人口抚养比均值低于50%，表明多数国家正处于人口红利期，劳动力供给充足，社会负担相对较轻，有利于经济快速发展，也有利于中国企业开展属地化项目运营，降低用工成本。

共建“一带一路”国家基础设施市场前景广阔。根据中国对外承包工程商会发布的《“一带一路”国家基础设施发展指数》，共建“一带一路”国家的交通、电力和电信基础设施发展潜力巨大，发展需求明显高于其他行业。相关国家仍有近5亿人无法用电，有近一半的人口无法接触互联网，电力基础设施和通信网络基础设施还存在较大缺口，建设需求较大。

我国与共建“一带一路”国家贸易合作潜力持续释放。共建“一带一路”倡议提出以来，我国与共建国家贸易规模持续扩大，双向投资不断深化，一大批重点项目稳步推进，境外经贸合作区建设取得新进展，自贸区建设步伐加快。目前，我国与共建国家货物贸易额累计超过7.5万亿美元。境外经贸合作区从无到有、从小到大、从点到面逐渐发展壮大，不仅推动了我国对外经贸合作的进程，更成为我国与相关国家共建“一带一路”的重要平台和载体。

我国与共建“一带一路”国家的合作机制日益完善。“一带一路”框架下的合作不以签署自贸协定为前提，各国可以依据自身优势平等参与，在共商共建共享中提升自身发展能力。随着共建“一带一路”倡议的推进，我国与共建国家的合作模式也不断创新，除了双边合作，第三方市场和多边合作项目也日益增多，基础设施建设的资金来源更加多样。我国已与168个国家和国际组织签署了200份共建“一带一路”合作文件，与44个国家建立了双边投资合作工作组，与7个国家建立了贸易畅通工作组，快速解决双边经贸合作中出现的问题，推动经贸合作发展。截至2019年11月，丝路基金通过股权、债权等方式多元化融资，已签约项目34个，承诺投资金额约123亿美元。未来，我国将与相关国家共同构建争端解决机制、安全风险预警防控机制和应急处置工作机制，共建“一带一路”倡议将在机制化方面取得更多成果。

## 二、在开放合作中保障我国产业链供应链安全的复杂性上升

我国已深度融入全球产业链供应链。世界银行数据显示，2018年中国制造业增加值占全球比重超过28%，货物进出口占全球份额11.8%，是120多个国家和地区的最大贸易伙伴，全球近200个经济体从中国进口商品。共建“一带一路”国家是保障我国产业链供应链安全的重要市场，但部分国家发展水平不高、工业化和城镇化进程滞后、政治局势复杂、营商环境不佳，使得保障我国产业链供应链安全的复杂性上升。

一是共建国家的地缘政治环境复杂多变，部分国家法制建设相对比较落后，合作项目极易受到突发事件的冲击。二是部分国家的营商环境不佳。根据标准普尔、惠誉等国际评级机构的国家信用评

级，共建“一带一路”国家的信用评级多数在B级以下。三是国际市场竞争将更加激烈。“一带一路”建设范围广，不可避免会与其他大国的发展方略重叠，随着共建“一带一路”的深入推进，国际“第三方干扰”日趋明显，增加了合作的不确定性。

## 第五节

# 参与全球治理体系变革带来新机遇，但国际经贸规则重构也给深化改革扩大开放带来更大压力

习近平总书记指出，全球治理体系和国际秩序变革加速推进，加强全球治理、完善全球治理体系是大势所趋，也是各国面临的共同任务[1]。当今世界，全球治理体系与国际形势变化的不适应、不对称前所未有，以联合国为核心、《联合国宪章》为宗旨和原则的全球治理体系基本稳定，国际货币基金组织、世界银行、二十国集团等多边机制仍在发挥有效作用，这是世界百年未有之大变局中

[1]《习近平向国际行动理事会第35届年会致贺信》(2018年9月28日)，《人民日报》2018年9月29日。

“不变”的因素。当前各国正在积极推动世界贸易组织改革，加快以知识产权、环境、劳工、监管一致性、国有企业和竞争政策、反腐败等“边境后”议题为代表的国际经贸规则重构，也给我国深化改革扩大开放带来了一定压力，如果掌控不好节奏和力度，可能会超出我国承受能力。

## 一、参与全球经济治理有利于更好维护和实现我国发展利益

20世纪上半叶，人类社会接连经历了两次世界大战，各方痛定思痛，共同建立了以联合国为主体，包括国际货币基金组织、世界银行、世界贸易组织、世界卫生组织、世界知识产权组织、世界气象组织、国际电信联盟、万国邮政联盟、国际移民组织、国际劳工组织等机构的全球治理框架。联合国作为全球最重要、规模最大的政府间国际组织，在维护国际安全、人类发展、世界人权和社会正义等方面，发挥无可替代的作用。国际货币基金组织、世界银行、世界贸易组织等全球经济治理机构为稳定世界经济、加强宏观政策协调、共同应对人类面临的重大挑战方面持续作出重要贡献。伴随着全球治理中一系列新问题新挑战的出现，以二十国集团、金砖国家等为代表的治理机制不断补充和完善全球治理体系的内涵和功能，为解决国际和地区重大问题提供了新方案。全球治理框架的建立为战后世界七十多年的和平与发展奠

定了重要基础，标志着人类社会发展迈出了重要一步。尽管这一框架目前面临治理赤字、信任赤字、和平赤字、发展赤字等一系列难题，全球治理体系改革的呼声高涨，但全球治理体系的基本原则将继续保留，维护世界和平稳定与繁荣的重要作用将不断加强。在当前世界大发展大变革大调整的背景下，这一全球治理框架将不断发挥护和平、促发展、利合作、谋共赢的重要作用，为营造有利于各国发展的外部环境提供重要支撑。

进入21世纪以来，我国与世界互动关系深刻调整，在市场资源、国际事务、治理规则上由对外依赖、积极参与、被动接受，转向相互依存、主动引导、双向互动。各方在国际重大问题上更加注重对我国的借重与合作，同时在气候变化、市场开放、对外援助等方面对我期待不断增强。我国在国际合作中“朋友圈”越来越大，拥有参与全球治理并发挥更大作用的有利条件。从合作机制看，亚洲基础设施投资银行、丝路基金以及金砖国家新开发银行等国际机构影响力不断提升，是现行全球治理体系的重要补充，将为我国更好参与引导全球治理体系变革、主动创造发展新机遇提供重要依托。从合作理念看，构建人类命运共同体超越了双边、区域等传统国际范围，包含了政治、外交、安全、经济、社会、文化、生态等各个领域，涉及人类生活和国际关系的方方面面，占据了人类道义和时代发展的制高点，符合人类社会发展大方向，是推动人类文明发展的新源泉，得到国际社会的广泛认同。

积极参与全球治理体系变革，推动全球治理体系朝着更加公正、合理的方向发展，有利于构建新型国际关系、推动构建人类命运共同体，更好促进我国和世界开放型经济发展，为我国发展营造更为有利的外部环境；有利于倒逼我国进一步深化改革扩大开放，推动从过去的商品和要素流动型开放向规则等制度型开放加快转变；有利于加快推进自贸区战略，团结发展中国家凝聚共识，以共建“一带一路”为依托，构建符合更多国家发展利益的国际经贸规则体系。

## 二、全球治理体系深刻变革给深化改革开放带来更大压力

多哈回合谈判历时近20年，除2015年达成《贸易便利化协定》等少数协定外，在货物贸易、服务贸易、反倾销、反补贴以及贸易新议题等核心领域建树不多。世界各国对改革世界贸易组织的呼声日趋强烈，并围绕争端解决机制、贸易谈判和发展、强化世界贸易组织监测和监督职能等问题展开了激烈博弈（见表5-1）。2019年1月，美国向世界贸易组织理事会提交了《一个非歧视的世界贸易组织：自我宣称发展水平带来机制失效风险》的提案，从自身利益出发，无端指责所谓不少“自我宣称为发展中国家的发达成员”，以发展中国家地位为借口逃避了减让关税、削减补贴等责任。一方面，我国在国际舆论上面临一定压力。自2017年以来，部分发达国家将我国政策描述成

导致世界贸易组织多边贸易体制失效的主要原因，从舆论上将我国推到世界贸易组织改革的矛盾前沿。部分国家打着“公平公正”旗号从道义上给我国施加压力，图谋逼迫我国承担更多责任。另一方面，我国在行动中面临一定压力。迄今为止，世界贸易组织改革舆论风向、实施方案主要是由美欧日等发达经济体主导，其通过各种手段合纵连横逐步扩大同盟圈和共识圈。我国虽然与欧盟等就争端解决机制改革提出方案，但在发展中国家地位、贸易扭曲等核心议题方面与各方达成共识还需要一定时间，特别是非市场经济问题，部分新兴经济体与我国诉求差异也较大。

表5–1 世界贸易组织改革可能涉及的主要议题

| 世界贸易组织功能 | 主要议题 |
|---|---|
| 谈判 | 发展中国家认定机制 |
| | 国有企业 |
| | 产业政策（补贴政策） |
| | 竞争政策 |
| | 知识产权 |
| | 数字经济与电子商务 |
| 监督 | 透明度 |
| 争端解决 | 争端解决机制（上诉机构成员遴选） |

资料来源：世界贸易组织（WTO）。

进入21世纪以来，随着经济全球化深入发展，国际分工日益深化细化，全球产业链、供应链、价值链加快形成，国际商品贸易更多由产业间贸易转向产品内贸易，零部件、原材料等中间品贸易占货物贸易的比重已超过70%。同时，以全球价值链为纽带，货物贸易、服务贸易、投资日趋融合，全球贸易模式不断发展演化，对相关市场的经济制度、营商环境、竞争规则提出新要求，新一轮国际经贸规则重构正在展开。区域贸易协定正逐渐引领构建全球贸易投资新规则体系。对我国的影响主要表现在几个方面：一是实施自贸区战略的紧迫性和难度加大。国际经贸规则变革强化了区域经济一体化潮流，我国商签高标准自贸协定的难度加大。2020年7月1日生效的美墨加协定，标志着美国完成了北美经济板块经贸规则的重新整合，实质是跨太平洋伙伴关系协定核心条款的卷土重来，其中针对“非市场国家”的“毒丸条款”等排他性安排对我国与其他发达国家商签自贸协定的影响不容忽视。二是我国在全球价值链中的位势可能受到冲击。中美经贸摩擦长期化使得一些在华外企考虑将产能迁往越南、泰国、马来西亚等东南亚国家。在这种形势下，如果我国不能尽快在技术、品牌、高端零部件等领域形成新优势，大幅降低与亚太各国，特别是东盟之间的贸易投资壁垒，我国在全球价值链中的位势可能受到冲击，未来升级路径也将受到挤压。三是国内经济体制改革面临一些挑战，发达国家力推的国际经贸规则诸多议题尤其是“边境后”议题对我国的市场开放和体制机制改革带来现实压力，特别是国有企业、劳工、监管一致性、数据自由流通等规制不仅涉及经济体制改革，而且事关我国社会主义市场经济体制的本质属性，如果掌控不好节奏和力度，将增加我国发展成本，甚至可能会带来较大的政策风险。

## 第六节

## 我国经济地位不断上升为我提升影响力带来新机遇，但国际话语权仍有待持续增强

习近平总书记指出，我国对外开放水平总体上还不够高，用好国际国内两个市场、两种资源的能力还不够强，应对国际经贸摩擦、争取国际经济话语权的能力还比较弱，运用国际经贸规则的本领也不够强，需要加快弥补[1]。新中国成立70年来，我国经济社会发展取得重大成就，主要经济社会总量指标占世界比重逐年提高，经济社会人均指标在世界各国位次不断前移，国际地位、国际竞争力和国际影响力显著提升。中国和世界的关系正在发生历史

[1]《在党的十八届五中全会第二次全体会议上的讲话（节选）》（2015年10月29日），《求是》2016年第1期。

性变化，中国需要更好了解世界，世界需要更好了解中国。但也应看到，尽管近年来我国国际话语权有了较大程度提升，但“西强我弱”格局没有发生根本变化。

## 一、改革开放以来我国主要经济总量指标占世界的比重不断提升

从经济总量来看，1979—2012年，我国国内生产总值年均增长率达9.9%，较同期世界经济年均增长率高出7.0个百分点；2013—2018年，我国依旧保持较快增长速度，国内生产总值年均增长率为7.0%，较同期世界经济年均增长率高出4个百分点。1978年我国国内生产总值仅为3 678.7亿元，排在世界第11位，到2010年我国国内生产总值已达到412 119.3亿元，成为世界第二大经济体。我国经济总量占世界经济总量的比重也在不断提升，1978年占比为1.8%，2012年上升至11.4%，2018年进一步扩大到15.9%（见图5-1）。2018年我国对世界经济增长的贡献率为27.5%，较1978年提高24.4个百分点。2019年我国国内生产总值接近100万亿元，按照市场汇率折算达14.4万亿美元，大致相当于日本、德国、英国、法国四个主要发达经济体经济总量之和，占世界经济总量比重超过16%，对世界经济增长的贡献率达到30%左右。

从产品产量来看，我国肉类和谷类等主要农产品产量稳居世界第1位。其中，1978—2017年，我国谷物、茶叶和花生产量已由

世界第2位提高至第1位，肉类产量则由世界第3位提高至第1位。2019年我国粮食总产量达到6.6亿吨，是当今世界名副其实的第一大产粮国。改革开放以来，我国工业化进程取得了巨大成就，已成为全世界第一大工业国且为唯一拥有全部工业门类的国家。水泥、化肥产量居世界第1位，发电量、煤产量、原油产量和粗钢产量等其他主要工业品年产量也相继步入世界前列。

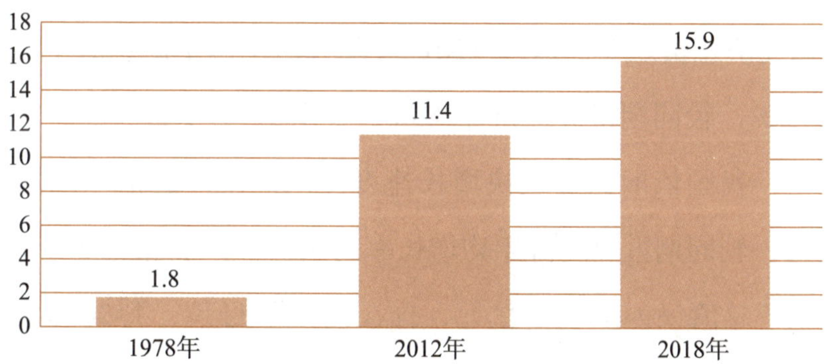


图5–1　我国经济总量占世界比重变化（单位：%）

数据来源：国家统计局。

从对外贸易来看，改革开放以来，我国货物贸易进出口额增长迅速，各年增速普遍高于国内生产总值增速和世界贸易增速，占世界的比重逐年提高。1978年，我国货物贸易进出口总额排名世界第29位，占世界比重仅为0.8%；2018年我国货物贸易进出口总额达到46 230亿美元，占世界比重高达11.8%，稳居世界第1位。我国服务贸易在改革开放后也实现快速增长，据统计，1982—2018年我国服务贸易年均增速高达15.3%，占世界服务贸易的比重由0.6%提高至7.0%。

从对外直接投资和利用外资来看，改革开放前，我国几乎没有统计口径下的对外直接投资，改革开放后的1982年对外直接投资总额仅为0.4亿美元，到2018年对外直接投资总额已增至1 430.4亿美元，居世界第2位。1979—2018年，我国吸引非金融类外商直接投资年均增速高达44.4%，2018年已达1 350亿美元，稳居世界第2位，较1979年提高120个位次。

从其他经济指标来看，截至2019年底，我国高速铁路营运总里程达到3.5万公里，在全球高铁总里程数中占比超过2/3，稳居世界第1位；高速公路里程超过14万公里，电力装机容量接近20.1亿千瓦，均为世界第一。此外，随着改革开放和市场经济的深入发展，我国逐渐成为世界重要的旅游目的地和主要的客源国。2013年开始我国出境旅游人数一直稳居世界第1位，是当今世界规模最大出境游支出国家。

## 二、国际影响力和话语权有待提升

虽然改革开放以来我国综合国力逐年增强，对国际社会的贡献也越来越大，但我国对外开放水平总体还不够高，国际影响力和话语权还不够强，需要加快弥补，切实提高我国制度性话语权。

从先进技术来看，目前我国大量关键装备、核心技术、高端产品等严重依赖进口，特别是半导体行业核心元器件还严重依赖发达国家。虽然我国在不少先进技术行业已由“跟跑”向“并跑”甚至“领跑”转变，但目前真正具有国际重大影响力的原创技术革新仍然较少，参与国际大科学工程和大科学计划有限，世界级的科研成果和发明专利也不多。除少数行业外，先进技术的国际标准被美日欧等少数发达经济体所垄断，我国在国际科技治理体系中影响力和话语权与先发国家的差异更大。

从国际金融市场来看，2008年国际金融危机以来，虽然国际货币基金组织和世界银行通过改革，向发展中国家转移了部分投票权，但以美国为首的发达国家仍垄断了管理机构的控制权，特别是美国在这两个机构中独享否决权。国际货币基金组织和世界银行的重要议案都需获得85%以上的投票才能通过。美国在这两个机构的投票权分别达到17.41%和15.87%，而我国分别只有6.1%和5.71%。

从大宗商品市场来看，我国已推出“中国版原油期货合约”并逐步提升人民币在石油、铁矿石等国际大宗商品贸易中的计价和结算功能，但对其他与国民经济安全密切相关的国际大宗商品价格发言权较弱，这与我国贸易大国地位不相符。其中，国际铜、铝、铅、锡等金属价格主要形成于伦敦金属交易所，国际煤炭价格形成于纽约商业交易所，国际棉花价格形成于利物浦交易所。应该看到，我国大宗商品国际话语权缺失已严重影响我国整体国家利益。

从国际舆论话语权来看，近年来我国按照“连接中外，沟通世界”的方针，着力讲好中国故事，但也需要看到，当前不少西方国家倚仗经济、媒体、科技等多重优势，在全球推行传播话语霸权，导致国际舆论场“西强我弱”态势短期内难以改变。我国在涉外突发事件、敏感问题和负面舆论引导方面能力不足，在国际多边平台的议题设置及规则引领等方面与西方国家也有一定差距。

学习贯彻习近平新时代中国特色社会主义经济思想
做好“十四五”规划编制和发展改革工作
| 系列丛书 |

# 第六章

# 应对世界百年未有之大变局 推动构建人类命运共同体

世界百年未有之大变局不仅给中华民族伟大复兴带来新机遇和新挑战，也为世界各国发展带来新机遇和新挑战。党的十八大以来，习近平总书记站在人类历史发展进程的高度，正确把握国际形势的深刻变化，顺应和平、发展、合作、共赢的时代潮流，深入思考“建设一个什么样的世界，如何建设这个世界”这一重大课题，对构建人类命运共同体的时代背景、重大意义、丰富内涵和实现途径等重大问题进行深刻阐述[1]。推动构建人类命运共同体思想为人类社会破解世界难题、携手共创美好未来提供了中国方案，增添了中国智慧，贡献了中国力量。

党的十九大报告指出，中国人民的梦想同各国人民的梦想息息相通，实现中国梦离不开和平的国际环境和稳定的国际秩序；必须统筹国内国际两个大局，始终不渝走和平发展道路、奉行互利共赢的开放战略，坚持正确义利观，树立共同、综合、合作、可持续的新安全观，谋求开放创新、包容互惠的发展前景，促进和而不同、

---

[1]《建设什么样的世界 如何建设这个世界》，《人民日报》（海外版）2018年10月15日。

兼收并蓄的文明交流，构筑尊崇自然、绿色发展的生态体系，始终做世界和平的建设者、全球发展的贡献者、国际秩序的维护者。

面对世界百年未有之大变局，我们要深刻学习领会并认真贯彻落实习近平总书记人类命运共同体重要思想，在坚定不移做好自己的事的基础上，以海纳百川的胸怀继续拥抱世界，更好发挥负责任大国作用，坚定奉行独立自主的和平外交政策，积极发展全球伙伴关系，坚持对外开放的基本国策，秉持共商共建共享的全球治理观，同世界各国携手合作，共同努力建设一个更加美好的世界。

## 第一节

# 推动建设新型国际关系

习近平总书记指出，各国应该共同推动建立以合作共赢为核心的新型国际关系，各国人民应该一起来维护世界和平、促进共同发展[1]。推动建设新型国际关系，是构建人类命运共同体的基本路径。中国将高举和平、发展、合作、共赢的旗帜，秉持相互尊重、公平正义、合作共赢原则，积极发展全球伙伴关系，扩大同各国的利益汇合点，不断完善我全方位、多层次、立体化的外交布局，打造覆盖全球的“朋友圈”，走出一条对话而不对抗、结伴而不结盟的国与国交往新路。

[1] 在莫斯科国际关系学院的演讲（2013年3月23日），《人民日报》2013年3月24日。

## 一、推动构建总体稳定均衡发展的大国关系框架

大国关系是国际秩序和国际体系的重要基石，要坚持运筹好大国关系，推动构建总体稳定、均衡发展的大国关系框架。

### （一）构建长期健康稳定的中美新型大国关系

中美关系是当今世界最重要的双边关系之一，事关两国人民福祉，也事关世界的和平、稳定、繁荣。合作是中美两国唯一正确选择，共赢才能通向更好未来。要把握好中美关系发展的大方向，坚持“不冲突、不对抗、相互尊重、合作共赢”原则，在互惠互利基础上拓展合作，在相互尊重基础上管控分歧，共同发展以协商、合作、稳定为基调的中美关系，避免陷入“修昔底德陷阱”。

### （二）保持中俄新时代全面战略协作伙伴关系高水平运行

中俄关系成熟、稳定、牢固，是互信程度最高、协作水平最高、战略价值最高的一对大国关系，堪称当今世界大国、邻国和谐共处的典范。中俄要始终坚定支持对方维护核心利益，不断加强政治互信，深入开展经贸、文化、安全等各领域合作，进一步加强国际协作，共同积极参与全球治理，维护地区和世界和平稳定。

### （三）推动中欧全面战略伙伴关系向正确方向前进

欧洲是多极化世界中的重要一极。要牢牢把握中欧关系正确方向，继续推进和平、增长、改革、文明四大伙伴关系建设，以经贸合作为中欧关系稳定和健康发展的基石，以文化交流为中欧关系发展的社会基础，以国际事务合作为中欧加强协同的纽带，共同应对全球性问题的挑战，努力将中欧合作推向新的高度。

## 二、推动构建“亲、诚、惠、容”的周边命运共同体

周边国家与中国山水相邻、文化相近。中国视周边为安身立命之所、发展繁荣之基，始终将周边置于外交全局的首要位置，视促进周边和平、稳定、发展为己任。

### （一）创新周边外交理念

要积极倡导“亲、诚、惠、容”的周边外交新理念，坚持与邻为善、以邻为伴，坚持睦邻、安邻、富邻，增强对周边国家的亲和力、感召力、影响力。要积极倡导“共同、综合、合作、可持续”的新安全观，搭建地区安全合作新架构，努力走出一条共建、共享、共赢的亚洲安全之路。要树立发展和安全并重的理念，以可持续发展促进可持续安全，用可持续安全保障可持续发展。

### （二）推动与周边国家关系健康发展

大力开展务实合作是中国与周边国家关系发展的基本态势。要欢迎周边国家搭乘中国发展快车，让中国发展成果更多惠及周边，不断纽紧利益纽带，拓展合作领域，促进各方共同发展、共同繁荣。同时，必须在坚持原则、守住底线，维护国家主权、安全等我国重大核心利益的前提下，全力维护周边稳定，有效管控各方分歧，推动区域内热点问题的降温和解决，维持合作共赢大局。

## 三、推动构建团结合作的发展中国家关系

广大发展中国家是我国在国际事务中的天然同盟军，要坚持正确义利观和真实亲诚理念，加强同发展中国家团结合作。这既是中国积极履行大国责任、国际道义的承诺，也是努力谋求共同发展、互利共赢的实践原则。

### （一）巩固中非命运共同体

中非历来是休戚与共的利益共同体和命运共同体，加强同非洲国家的团结合作是我长期坚持的战略选择。当前中非双方都处于发展的关键时期。中方将继续同非方在涉及对方核心利益和重大关切的问题上相互支持，维护发展中国家共同利益。要加强中

非战略对接，推动在产业促进、设施联通、贸易便利、绿色发展、能力建设、健康卫生、人文交流、和平安全等领域深化合作。中国要在力所能及的基础上帮助非洲国家克服困难，促进非洲和平稳定发展。

### （二）打造中拉命运共同体

中国与拉美国家相隔万里，但同为发展中国家和新兴经济体，面临相似的发展任务，具有广泛的共同利益，拥有巨大的合作潜力。中国已成为拉美第二大贸易伙伴，共建“一带一路”为提升中拉关系不断注入新动力。要推动构建政治上真诚互信、经贸上合作共赢、人文上互学互鉴、国际事务中密切协作、整体合作和双边合作相互促进的中拉关系新格局，打造中拉携手共进的命运共同体。

## 第二节

# 高质量共建“一带一路”

2013年，习近平总书记以马克思主义政治家的高瞻远瞩、宏大视野和磅礴格局，深刻把握国内国际“两个大局”，汲取优秀传统文化思想，开创性地提出共建“一带一路”宏伟倡议。“一带一路”倡议是和平发展、经济合作倡议，是开放包容、共同发展进程，获得了国际社会广泛认可和积极参与，在各领域取得了丰硕成果，已经成为推动构建人类命运共同体的重要实践平台。面对百年未有之大变局，我们要以习近平新时代中国特色社会主义思想为指导，不忘合作初心，坚定不移前进，推动高质量共建“一带一路”。

## 一、深入贯彻高质量共建“一带一路”的总体要求

当前，共建“一带一路”已经从谋篇布局的“大写意”进入精谨细腻的“工笔画”阶段。我们要把学习好、贯彻好、落实好习近平总书记的重要讲话精神，作为当前和今后推进“一带一路”建设最重要的工作，推动“一带一路”建设走深走实，行稳致远。

### （一）把共商共建共享原则落到实处，全方位推进务实合作

要深刻认识共建“一带一路”的“中国倡议、各国共建、市场运作、全球共享、构建人类命运共同体的新型国际合作平台”的基本属性。只有秉持“三共”原则，共建“一带一路”的朋友圈才会越来越大，好伙伴才会越来越多。

### （二）把开放、绿色、廉洁理念落到实处，共建充满生机、风清气正的丝绸之路

开放是“一带一路”建设的鲜明标识。共建“一带一路”既是中国更高水平对外开放的重要举措，也为全球提供了开放合作的国际平台。绿色是“一带一路”建设的亮丽底色。建设绿色丝绸之路，不仅是实现联合国2030可持续发展目标的需要，也是中国的新发展理念、生态文明理念在海外的践行。廉洁是“一带一路”建设的底线红线，也是“一带一路”建设行稳致远的重要基础，既关系到

企业自身的可持续发展，也关系到国家利益和国家形象。

### （三）把实现高标准、惠民生、可持续目标落到实处，让共建“一带一路”成果惠及合作各方

高标准一定是适合当地经济社会发展的标准，是动态的，不是绝对的。既要扎实推进陆海天网的“硬联通”，更要加大规划政策、规则标准、执法监管的对接力度。惠民生聚焦消除贫困、增加就业、改善民生，让共建“一带一路”成果更好惠及共建国家全体人民。中国愿意通过共建“一带一路”与其他国家分享自己的发展经验，与共建国家共建美好未来，让共建国家人民获得实实在在利益。可持续发展是破解当前全球性问题的“金钥匙”，是各方的最大利益契合点和最佳合作切入点。共建“一带一路”同联合国《2030年可持续发展议程》在目标、原则、实施路径上高度契合，得到国际社会积极响应和支持，为世界提供了合作共赢推动“可持续发展”的新方案。

## 二、推动“一带一路”建设向高质量发展

### （一）推进政策沟通向高质量发展，不断铺画政策、规则、标准三位一体的软联通

开展高质量政策对接，构建更加广泛务实的伙伴关系，充分发

挥政策对接在共建“一带一路”中的引领和催化作用。巩固充实战略对接、规划对接、机制对接、项目对接的整体合作框架，加强同世界各主要经济体的宏观政策协调。结合各方国情，创新合作方式，签署合作谅解备忘录后，既可以从顶层设计着手，编制合作规划，建立对接平台，实施项目清单；也可以从务实合作切入，启动一批双方有共识、条件具备的成熟项目，尽早让各方分享到早期收获成果。

### （二）推进设施联通向高质量发展，切实提高国家间通达水平

构建以新亚欧大陆桥等经济走廊为引领，以中欧班列、陆海新通道等大通道和信息高速路为骨架，以铁路、港口、管网等为依托的互联互通网络。将高质量、可持续、抗风险、价格合理、包容可及的目标融入基础设施项目选择、实施、管理等各方面，兼顾项目经济效益、政治效益、社会效益，形成更多可视性成果。加快推进高效畅通的国际大通道建设，扎实建设好重大项目。持续深化中欧班列品牌建设，不断提升中欧班列品牌知名度和国际影响力。拓展数字丝绸之路建设合作的广度和深度。

### （三）推进贸易畅通向高质量发展，有效促进贸易和投资自由化便利化

旗帜鲜明反对保护主义和单边主义，与更多国家商签高标准自

由贸易协定，加强海关、税收、审计等领域合作。充分发挥中国国际进口博览会作用，为各方进入中国市场搭建更广阔平台。深化与共建国家在经贸领域的互利共赢，扩大双多边投资贸易规模。加强“一带一路”产能合作园区建设，推动境外经贸合作区高质量发展，稳步推进跨境经济合作区建设。

### （四）推进资金融通向高质量发展，建立健全长期、稳定、可持续、风险可控的多元化融资体系

落实好《“一带一路”融资指导原则》《“一带一路”债务可持续性分析框架》。继续发挥共建“一带一路”专项贷款、丝路基金等的作用，支持多边开发融资合作中心有效运作，引导鼓励多边和各国金融机构参与共建“一带一路”投融资。建立稳定、可持续、风险可控的金融服务体系，创新投资和融资模式，推广政府和社会资本合作，建设多元化融资体系和多层次资本市场，发展普惠金融，完善金融服务网络。

### （五）推进民心相通向高质量发展，全面推动不同文明互学互鉴与交流合作

逐步构建与对外开放深度融合、相互促进的人文交流新格局。深入开展教育、科学、文化、体育、旅游、卫生、考古等各领域人文合作，加强议会、政党、民间组织往来，密切妇女、青年、残疾人等群体交流，建设好并充分发挥共建“一带一路”多边对话合作

平台作用。深化创新合作，顺应第四次工业革命发展趋势，把握数字化、网络化、智能化发展机遇，共同探索新技术、新业态、新模式，探寻新的增长动能和发展路径。推进绿色丝绸之路建设，加强在应对气候变化、海洋合作、荒漠化防治等方面的国际交流合作。

## 第三节

# 构建更高水平开放型经济新体制

习近平总书记指出，中国开放的大门不会关闭，只会越开越大[1]。中国将以更加开放和自信的姿态走向世界、拥抱世界，深化与世界各国互利共赢合作，以自身扩大开放带动其他国家经济发展。要实施更大范围开放，优化对外开放的空间格局，引导沿海内陆沿边开放优势互补、协同发展；巩固东部沿海地区和全国特大城市的开放先导地位，更好发挥东部地区对中西部地区的产业辐射带动作用，促进产业梯度转移，提升中西部地区承接产业转移能力，积极培育内陆地区全球重要加工制造基地和新增长极。要实施更宽领域开放，吸引更多更优质

[1] 在博鳌亚洲论坛2018年年会开幕式上的主旨演讲（2018年4月10日），《人民日报》2018年4月11日。

的外资在我国市场上同台竞争，扩大对外贸易、跨境投资合作，深化和拓展资金、人才、科技等领域国际合作，完善要素市场化国际化配置，使商品、要素等领域开放形成协同效应。要实施更深层次开放，从我国国情出发，借鉴和对标国际先进经验，完善我国涉外经贸法律和规则体系，推动规则、规制、管理、标准等制度型开放，营造更加市场化、法治化、国际化的营商环境。

## 一、推动外贸高质量发展

### （一）培育贸易竞争新优势

夯实贸易发展的产业基础，加快发展和培育壮大新兴产业，优化升级传统产业，推进先进制造业与现代服务业深度融合，促进贸易与产业互动。增强贸易创新能力，构建开放、协同、高效的共性技术研发平台，强化制造业创新对贸易的支撑作用。提高产品质量，积极采用先进技术和标准，提高产品质量。推动一批重点行业产品质量整体达到国际先进水平。加快品牌培育，大力培育行业性、区域性品牌，提升中国品牌影响力。

### （二）进一步优化贸易结构

优化经营主体，鼓励行业龙头企业提高国际化经营水平，形成在全球范围内配置要素资源、布局市场网络的能力；支持推动中小企业转型升级，聚焦主业，走“专精特新”国际化道路。继续深耕发达经济体等传统市场。着力深化与共建“一带一路”国家的贸易合作，拓展亚洲、非洲、拉美等市场。综合考虑市场规模、贸易潜力、消费结构、产业互补、国别风险等因素，引导企业开拓一批重点市场。大力发展高质量、高技术、高附加值产品贸易，不断提高劳动密集型产品档次和附加值。优化资本品、消费品贸易结构，扩大中间品贸易规模，发展和保护全球产业链。做强一般贸易，增强议价能力，提高效益和规模；提升加工贸易，鼓励向产业链两端延伸，推动产业链升级。积极扩大进口，进一步降低进口关税和制度性成本，激发进口潜力，优化进口结构。

### （三）增强贸易发展新动能

大力发展服务贸易，深化服务贸易领域改革和开放，持续推进服务贸易创新发展试点，完善促进服务贸易发展的管理体制和政策体系。加强服务贸易国际合作，打造“中国服务”国家品牌。促进贸易新业态发展，推进跨境电子商务综合试验区建设，复制推广成熟经验做法；完善跨境电子商务零售进出口管理模式，优化通关作业流程，建立全口径海关统计制度；在总结试点经验基础上，完善管理体制和政策措施，推进市场采购贸易方式试点；完善外贸综合服务企业发展政策，推动信息共享和联合监管。鼓励发展其他贸易新业态。提升贸易数字化水平，形成以数据驱动为核心、以平台为支撑、以商产融合为主线的数字化、网络化、智能化发展模式。

## 二、协同推进“引进来”和“走出去”

### （一）支持外商投资新开放领域

继续压减全国和自由贸易试验区外商投资准入负面清单，全面清理取消未纳入负面清单的限制措施。推动制造业、服务业、农业扩大开放，在更多领域允许外资控股或独资经营，全面取消外资准入负面清单之外的限制。加快金融业开放进程，进一步优化在华外资银行、证券公司、基金管理公司等金融机构的管理和服务模式。

### （二）强化利用外资保障

健全外商投资国家安全审查、反垄断审查、国家技术安全清单管理、不可靠实体清单等制度。健全促进对外投资政策和服务体系。全面实施外商投资法及其实施条例，促进内外资企业公平竞争，建立健全外资企业投诉工作机制，保护外资合法权益。提高高新区、综保区等平台载体建设质量，推动利用外资“量稳质升”。建设具有较强竞争力产业集群的国家级经济技术开发区，打造品牌化招商引资平台。建立重点企业联系制度，提供专业化、全流程服务，着力培育带动力强、辐射面广的龙头企业和产业链核心企业。

### （三）有序引导企业“走出去”

确立企业和个人对外投资主体地位，努力提高对外投资质量和效率，促进基础设施互联互通，推动优势产业“走出去”，开展先进技术合作，增强我国企业国际化经营能力。加强统筹谋划和指导，健全境外经营风险防控体系，避免恶性竞争，维护境外投资权益。推进国际产能合作，积极开展第三方市场合作，促进高铁、核电、航空、机械、电力、电信、冶金、建材、轻工、纺织等优势行业“走出去”，提升互联网信息服务等现代服务业国际化水平，推动电子商务“走出去”。

## 三、加快推动制度型开放

### （一）加快自由贸易试验区、自由贸易港等对外开放高地建设

深化自由贸易试验区改革，在更大范围复制推广改革成果。建设好中国（上海）自由贸易试验区临港新片区，赋予其更大的自主发展、自主改革和自主创新管理权限。聚焦贸易投资自由化便利化，稳步推进海南自由贸易港建设。

### （二）提升贸易投资自由化和便利化水平

在竞争中性、知识产权保护、补贴政策、数字经济等领域进行

集成创新，优化政府与企业、市场的权利义务关系，实质性提升市场对资源配置的决定性作用、更好发挥政府作用，塑造国际化、法治化、便利化营商环境。建立健全知识产权快速协同保护和信用联合惩戒机制，持续推进知识产权纠纷仲裁调解工作，构建完善知识产权纠纷多元化解决机制。提高行政规范性文件制定透明度，加强各地区、各部门制定出台涉及外商投资的行政规范性文件的合法性审核。与外商投资企业生产经营活动密切相关的行政规范性文件，合理确定公布到施行之间的时间，提高政策可预见性和透明度。进一步推进外贸体制改革，加强事中事后监管。完善政策协调机制，加强财税、金融、产业、贸易等政策之间衔接。推动世界贸易组织《贸易便利化协定》在国内实施。优化通关、退税、外汇、安全、环保管理方式，推进国际贸易“单一窗口”建设和应用。

### （三）建立健全重大外部风险防控机制

重点建立和完善风险研判机制、决策风险评估机制、风险防控协同机制、风险防控责任机制等，加强对经济运行的监测评估、对重大风险的模拟和压力测试等，牢牢守住不发生系统性经济风险的底线。制定实施有效措施，有针对性防范化解贸易、投资、金融、数据流动、生态和公共卫生等领域重大风险。

## 第四节

# 积极参与全球经济治理

习近平总书记指出，要高举构建人类命运共同体旗帜，推动全球治理体系朝着更加公正合理的方向发展[1]。我们要坚定维护以《联合国宪章》为核心的国际秩序和国际体系，维护和巩固“二战”胜利成果，积极维护开放型世界经济体制，推动建设和完善区域合作机制，加强国际社会应对全球性挑战的能力。继续发挥负责任大国作用，始终秉持共商共建共享的全球治理观，倡导国际关系民主化，支持联合国发挥积极作用，支持扩大发展中国家在国际事务中的代表性和发言权。推动全球治理理念创新发展，发掘中华文化中积极的处世之道、治理理念同当今时代的共鸣点，努力为完善

[1] 在中央外事工作会议上的讲话（2018年6月23日），《人民日报》2018年6月24日。

全球治理贡献中国智慧、中国力量。

## 一、推动全球经济治理体系发展改革

### （一）推动传统全球经济治理机制改革完善

坚定支持多边贸易体制，坚决反对单边主义和保护主义，坚持多边贸易体制的包容性，维护多边贸易体制的主渠道地位。遵循协商一致的决策机制，推动对世界贸易组织进行必要改革，优先处理上诉机构成员遴选等事关世界贸易组织生存的关键问题，推动电子商务、投资便利化等方面的规则与时俱进，有效保障发展中成员的发展利益。主动参与国际货币基金组织的发展改革，增强其维护全球金融稳定的能力。推动提升亚洲基础设施投资银行和金砖国家新开发银行运营水平，对全球金融治理机制形成有益补充。高标准完成联合国《2030年可持续发展议程》，积极参与世界银行各项工作，助推全球发展治理机制完善。

### （二）丰富和提升新型全球经济治理机制功能

积极参与二十国集团的各项议程与活动，围绕促进全球经济中长期增长和建设开放型世界经济，提出更多具有针对性的“中国方案”，带头落实二十国集团的各项决议，推动提升其决策执行力。强化金砖合作机制，在电子商务、贸易和投资便利化、服务贸易、本币债券、科技创新、工业合作、政府和社会资本合作等领域创新合作方式，培育利益共享的价值链和大市场，打造联动发展格局。扩大金砖合作的辐射和受益范围，推动“金砖+”合作模式，打造开放多元的发展伙伴网络。参与推动亚太经济合作组织、上海合作组织等区域治理机制，加大相互支持，扩大利益汇合点。在气候变化、公共卫生、网络安全等领域，积极参与专项治理机制，共同维护全球经济安全。

### （三）加强国际宏观经济政策协调

依托二十国集团等平台，加强财政、货币政策国际协调，推动对主要国家货币政策负外溢效应的监测和研究，避免以邻为壑的竞争性贬值，共同维护世界经济稳定。在基础设施建设、科技创新、包容性增长等结构性改革领域，积极推动开展国际协调，促进各国加强合作。

## 二、积极推进生态环境领域国际合作

### （一）坚持和传播正确的发展观和行动观

保护和修复生态环境不是要回到原始社会，也不是只有一条道路。全球治理既要尊重科学，也要准确理解科学，要尊重各国资源禀赋不同、发展阶段不同、政治体制不同、思想文化不同的事实，不能停留在科学研究的情景假设上，不能搞“一刀切”和“一个模式”。全球生态文明建设要坚持一个阶段接着一个阶段做，目标不变、靶心不散，不断为行动创造条件，尤其是为发展中国家提供支持。不能仅停留在目标承诺上，只重目标，不重落实，要防止不切实际吊高胃口，避免盲目攀比。

### （二）坚持正确义利观，坚持多边主义

恪守公平、共同但有区别的责任和各自能力等原则，坚持发达国家率先承担量化义务并向发展中国家提供生态环境保护和治理的资金、技术和能力建设支持，坚持所有各方都应尽最大努力认真落实国际承诺。摒弃冷战思维、零和博弈的旧观念，反对单边主义，克服分歧，凝聚共识，倡导共同、综合、合作、可持续安全的新理念。

### （三）落实生态环境领域的国际承诺

积极实施“应对气候变化国家自主贡献”，以及《中国本世纪中叶长期温室气体低排放发展战略》《国家适应气候变化战略》《中国生物多样性保护战略与行动计划》，全面落实创新、协调、绿色、开放、共享的发展理念，推进节能减排、低碳发展、污染防治、生物多样性保护和可持续利用，为构建公平合理、合作共赢的全球环境治理机制作出中国贡献。

### （四）加大生态环境领域国际合作

落实气候变化领域南南合作政策承诺，通过设立基金、开展低碳示范区以及启动减缓和适应气候变化项目等方式来支持发展中国家特别是最不发达国家、内陆发展中国家、小岛屿发展中国家应对气候变化挑战，切实帮助其提升应对气候变化的能力和水平。推动建立全球生物多样性基金，为基金提供力所能及的支持，发挥基金在帮助发展中国家保护和可持续利用生物多样性中的作用。

## 三、加强对外援助工作

### （一）坚持“以义为先”

将我国发展和其他发展中国家的共同发展紧密联系起来，将中国梦和发展中国家人民过上美好生活的梦想紧密联系起来。在同发展中国家开展援助合作时，主张“多予少取、先予后取、只予不取”。

### （二）坚持“量力而行、尽力而为”

从我国自身国情出发，依据国力向其他发展中国家提供力所能及的援助。同时，充分尊重其他发展中国家的意见，通过友好协商确定合作项目，不做超越合作伙伴发展阶段、不符合合作伙伴实际需要的事，避免有关国家承受过重的债务压力。

### （三）坚持“授人以渔”

以帮助其他发展中国家提升自主发展能力为目标，尽力为其培养本土人才和技术力量，帮助其建设基础设施，开发利用本国资源，打好发展基础，逐步走上自力更生、独立发展的道路。

### （四）坚持开放包容

对和西方发达国家、国际组织等开展三方合作持开放态度，愿在尊重受援国意愿的前提下，按照“受援国提出、受援国同意、受援国主导”的原则，积极探讨与有关各方的务实合作。

### （五）以共建“一带一路”为重点积极开展对外援助

围绕“一带一路”建设，基于受援助国实际情况，聚焦受援国重大关切和大型项目，继续深入开展能源、电力、农业、基础设施等领域援助工作，切实增强并改善民生福祉。继续用好南南合作援助基金，支持发展中国家落实联合国《2030年可持续发展议程》。发挥好南南合作与发展学院等作用，为其他发展中国家培养各领域人才。

### （六）大力做好新冠肺炎疫情期间对外援助工作

当前，全球范围内新冠病毒传播蔓延，国际社会普遍面临严峻的困难和挑战，亚洲、非洲和拉美地区发展中国家更甚。要继续提供力所能及的医疗物资、技术、人力支持，帮助提升疫情防控能力和水平。积极参与并落实二十国集团缓债倡议，向联合国人道主义协同应对计划提供支持，推动建设惠及全人类、高效可持续的全球公共卫生体系，构建人类卫生健康共同体。

### （七）发挥联合国等多边机构的重要作用

70多亿人共同生活在我们这个星球上，应该守望相助、同舟共济、共同发展。要加强与联合国、世界卫生组织等国际机构的交流合作，通过签署合作协议和计划框架等方式，帮助受援国提高经济社会发展水平。同时，积极探讨与非政府组织在对外援助领域开展合作，切实提高受援国能力，为推动构建人类命运共同体作出新的贡献。

# 参考文献

习近平，2014．习近平谈治国理政：第1卷 [M]．北京：外文出版社．

习近平，2017．习近平谈治国理政：第2卷 [M]．北京：外文出版社．

习近平，2018．习近平谈“一带一路”[M]．北京：中央文献出版社．

习近平，2020．习近平谈治国理政：第3卷 [M]．北京：外文出版社．

中共中央文献研究室，2017．习近平关于社会主义经济建设论述摘编 [M]．北京：中央文献出版社．

中共中央宣传部，2016．习近平总书记系列重要讲话读本 [M]．北京：人民出版社．

中共中央宣传部，2018．习近平新时代中国特色社会主义思想三十讲 [M]．北京：学习出版社．

中共中央宣传部，2019．习近平新时代中国特色社会主义思想学习纲要 [M]．北京：人民出版社．

本书编写组，2012．十八大报告辅导读本 [M]．北京：人民出版社．

本书编写组，2017．党的十九大报告辅导读本 [M]．北京：人民出版社．

毕马威，2020. 新冠疫情如何影响世界经济 [R/OL].(2020-04-02) [2020-08-01].https://home.kpmg/cn/zh/home/social/2020/03/how-coronavirus-affects-global-economy.html.

国际货币基金组织，2020. 世界经济展望（更新）[R/OL].(2020-06-24) [2020-08-01]. https://www.imf.org/zh/Publications/WEO/Issues/2020/06/24/WEOUpdateJune2020.

国务院发展研究中心课题组，2018. 百年大变局国际经济格局新变化：上 [M]. 北京：中国发展出版社.

晋继勇，2020. 新冠肺炎疫情防控与全球卫生治理以世界卫生组织改革为主线 [J]. 社会科学文摘 (5)：42-44.

世界卫生组织，2007. 2007年世界卫生报告：构建安全未来21世纪全球公共卫生安全 [M]. 北京：人民卫生出版社.

世界银行，2019. 2020年世界发展报告：在全球价值链时代以贸易促发展 [R/OL]. (2019-10-11)[2020-08-01]. http://documents.shihang.org/curated/zh/666251570780789190/Overview.

张蕴岭，2019. 百年大变局世界与中国 [M]. 北京：中共中央党校出版社.

中共中央党史研究室，2016. 中国共产党的九十年 [M]. 北京：中共党史出版社.

中共中央文献研究室，2005. 十六大以来重要文献选编：上 [M]. 北京：中央文献出版社.

中华人民共和国国务院新闻办公室，2020. 抗击新冠肺炎疫情的中国行动 [R/OL].(2020-06-07)[2020-08-01].http://www.scio.gov.cn/m/zfbps/32832/Document/1681801/1681801.htm.

G20领导人大阪峰会，2019. 数字经济大阪宣言：全文中译版 [N/OL]. 人民邮电报, 2019-06-29 [2020-08-01].https://www.sohu.com/a/323811253_354877.

UNCTAD，2019. 数据在电子商务和数字经济中的价值和作用及其对包容性贸易和发展的影响 [R/OL].(2019-01-23)[2020-08-01].https://unctad.org/meetings/en/SessionalDocuments/tdb_ede3d2_ch.pdf.

Fukuyama F., 2014. Political Order and Political Decay: From the Industrial Revolution to the Globalization of Democracy [M]. New York: Farrar, Straus and Giroux.

OECD, 2020. OECD Economic Outlook [R/OL]. (2020-06-10) [2020-08-01]. http://www.oecd.org/economic-outlook/Outlook.

Piketty T., 2014. Capital in the Twenty-First Century [M]. New York: Harvard University Press.

Stiglitz J. E., 2015. Rewriting the Rules of the American Economy: An Agenda for Growth and Shared Prosperity [M]. New York: WW Norton & Company.

The World Bank, 2020. Global Economic Prospects [R/OL]. (2020-06-08) [2020-08-01]. https://openknowledge.worldbank.org/handle/10986/33748.

UNCTAD，2020. The COVID-19 Crisis: Accentuating The Need To Bridge Digital Divides [R/OL]. (2020-04-06) [2020-08-01]. https://unctad.org/en/pages/PublicationWebflyer.aspx?publicationid=2701.

UNCTAD, 2020. World Investment Report 2020 [R/OL]. (2020-06-16) [2020-08-01]. https://unctad.org/en/Pages/DIAE/World%20Investment%20Report/World_Investment_Report.aspx.

WTO，2019. Global Value Chain Development Report 2019: Technological Innovation, Supply chain Trade, And Workers in a Globalized World [R/OL]. (2019-04-15) [2020-08-01]. https://www.wto.org/english/res_e/publications_e/gvcd_report_19_e.htm2019NIAN4YUE 15RI.

# 后 记

习近平总书记科学把握历史发展趋势和国际局势变化，科学把握世情国情深刻变化，作出“当今世界正处于百年未有之大变局”的重要论断。本书期望通过对这一重要论断的初析，为“十四五”时期深入学习贯彻习近平新时代中国特色社会主义思想特别是经济思想，准确把握当今世界大势和我国所处的历史方位，充分认识习近平总书记重要论断对我国经济社会发展的重大指导意义，积极推动发展改革工作迈上新台阶提供参考。

本书在国家发展改革委党组书记、主任何立峰同志的直接领导下，党组成员、副主任宁吉喆悉心指导并审定书稿。国家发展改革委国际合作司和中国宏观经济研究院共同组成的编写组同志们齐心协力、集体创作。在编写过程中，全体同志以习近平新时代中国特色社会主义思想为指引，深学细悟、研机析理，进一步深入学习贯彻习近平总书记治国理政新理念新思想新战略，不断增强“四个意识”，坚定“四个自信”，做到“两个维护”。

国家发展改革委国际合作司苏国、潘江统筹指导本书编写工作，李斌、高健参加讨论；郭歆、李超、万茜、陈帅、张沁、李康弘、何晶、胡方、闫雁、高海然、吴瑞楠等参加讨论和相关章节的起草修改；施鸿猷、王同晖、王瑭玮、葛鑫、苏畅、王琳、卓星、李莉、田源、张超、李凌峰、封云龙、许冰、叶桉瑗、杨帆、何佳文、闫文奕、王文浩、白文英等参与讨论和资料收集。

中国宏观经济研究院毕吉耀组织协调姚淑梅、陈长缨、张哲人、李大伟、杨长湧、金瑞庭、滕飞、原倩等同志，为本书编写付出大量辛苦劳动。

袁达、韩振海、赵怀勇、林楠、毛毛、程可凡、钟旭辉、许寒、叶辅靖、林晨辉、王海峰、郝洁等同志提出了宝贵意见。中国市场出版社郭爱东、宋涛同志承担本书的编辑工作。本书吸收借鉴了相关专家学者在不同场合提出的论点，在此谨对所有给予本书帮助支持的单位和同志表示衷心感谢。

习近平总书记关于世界百年未有之大变局重要论断内涵丰富，涉及众多领域，由于本书是在有限时间内完成，尽管数易其稿，难免有不准确或不妥之处，欢迎批评指正。

书中引用数据除特别注明外，均来自有关政府部门、国际组织官方网站，不再一一标注。

本书编写组

2020年8月

**学习贯彻习近平新时代中国特色社会主义经济思想**

做好“十四五”规划编制和发展改革工作

| 系列丛书 |

## 编委会